Faim de vie

Mélina Hoffmann

Faim de vie

Récit

Michalon Éditeur

9, rue de l'École-Polytechnique – 75005 Paris
www.michalon.fr
ISBN : 978-2-84186-891-9

Aux hommes de ma vie, qui m'ont fait grandir,
chacun à leur manière.

À ma mère, belle et précieuse.

C'est l'histoire d'une petite fille qui a grandi trop vite, projetée trop tôt dans un monde d'adultes en souffrance qui interdit l'insouciance.

C'est l'histoire d'une adolescente qui n'a pas su trouver sa place au milieu des autres et dont la vie est devenue un enfer.

C'est l'histoire d'une jeune femme qui réapprend la vie et qui veut à nouveau croire en ses rêves.

C'est mon histoire. Ou presque…

Je voulais vivre. Enfin, je crois.

Si vous lisez ces lignes, c'est que j'ai échoué.

1.

« Nous ne voyons jamais les choses telles qu'elles sont, nous les voyons telles que nous sommes. »
Anaïs Nin

Elle a le teint livide, les joues creusées, le geste lent. Son regard se perd dans un nulle part qui ne semble fait que de tristesse et de honte. Difficile de lui donner un âge, son corps paraît vouloir vieillir le plus vite possible, on dirait presque que la vie l'a déjà quittée. 20 ans, 22 peut-être, trop jeune en tout cas pour tant de désespoir.

Elle raconte son quotidien, l'enfer qui lui fait office de vie.

Elle se dit malade.

Je la dis faible.

La caméra tente de figer sa détresse, mais je n'y vois que de la résignation. Elle plonge ses doigts dans un bol à moitié vide pour y piocher quelques céréales, les mange péniblement, et nous confie qu'il s'agit du repas de sa journée.

Silence.

Le reportage suivant nous présente le cas inverse. Une adolescente d'à peine 16 ans, plutôt jolie. Devant elle, des paquets de gâteaux s'entassent. De ses deux mains, elle les vide frénétiquement, comme s'il lui fallait tout engloutir le plus vite possible. Au bout de quelques minutes, elle se lève et disparaît du champ. Une voix off nous explique que la jeune fille est partie vomir.

Silence.

Une sensation de dégoût m'envahit. J'éteins la télé et je jette le fond de mon bol de lait dans l'évier.

Je ne serai jamais comme ces filles faibles et sans volonté.

Jamais.

Et puis on comprend très vite que la vie est pleine de surprises, et pas que des bonnes.

Vendredi 1er septembre 2000

Il y a quelque chose qui me rend très mal et dont je ne peux parler à personne. Depuis quelques jours (peut-être même plus), il y a des moments dans la journée où quelque chose me pousse à manger, comme une pulsion incontrôlable.

Souvent, quand je suis seule à la maison, j'y pense… et je ne peux pas l'éviter. J'ouvre le frigo, les placards, et je mange ce que j'y trouve : pâte à tartiner, confiture, gâteaux, fromage, charcuterie… Je ne vais pas jusqu'à me goinfrer comme le font les boulimiques, mais je crois que c'est la même sensation qui me traverse le corps. Je culpabilise déjà lorsque je me dirige vers la cuisine ; ensuite, pendant que je mange, je me dégoûte, et puis après, je m'en veux tellement que je passe une demi-heure à essayer de me faire vomir. Je dis « essayer » parce que je n'ai pas encore trouvé la bonne technique. Et une fois que ce moment est passé, j'ai terriblement honte. Honte de moi, de ma faiblesse. Et puis, à chaque fois, je me dis que je ne recommencerai pas, mais je ne suis pas assez forte.

Je ne pense pas du tout qu'il s'agisse d'anorexie ou de boulimie. Je ne tomberai jamais là-dedans. Mais je ne vais pas bien.

Je me dégoûte à un point ! J'ai honte, je me sens terriblement seule, inexistante… Je me sens mourir de l'intérieur. C'est la plus grande douleur que j'aie jamais ressentie. Mais une fois de plus, personne n'en saura rien.

Deux ans après ces dernières phrases écrites dans mon journal à l'âge de 14 ans, j'étais hospitalisée à ma demande et pendant plusieurs mois pour dépression, boulimie et agoraphobie.

Il manquait quelque chose en moi. Je ne savais pas où chercher, alors j'ai commencé par le frigo.

Tout le monde le sait pourtant, il ne faut jamais dire jamais.

2.

« Je passe le plus clair de mon temps à l'obscurcir
parce que la lumière me gêne. »
Boris Vian

Je ne me souviens pas précisément quand ni comment tout a commencé, à quel moment ce rituel morbide s'est mis en place. Je ne sais plus quand la nourriture est devenue mon obsession, ma raison de vivre, ma prison ; quand mon corps a cessé de m'appartenir et que je n'ai plus été qu'une enveloppe vide. Je sais juste qu'un jour, je suis devenue l'une de ces filles *faibles* et *sans volonté* que j'avais un jour jugées et chassées de l'écran de ma télévision.

Un jour, la nourriture s'est mise à grignoter ma vie, engloutissant peu à peu sur son passage mes rêves, mes espoirs, mon présent, jusqu'à ne plus me laisser aucune place. Et ce vide immense qu'elle est désormais la seule à pouvoir combler.

Rassurez-vous, je ne vais pas parler que de ça, mais à cette époque de ma vie, il n'y avait franchement pas grand-chose d'autre.

Enfin si, il y avait mon père, ma mère et moi, blottis dans un cocon aussi douillet qu'étouffant. D'un côté, ma mère qui tentait de soigner sa dépression par les médicaments, de l'autre, mon père qui pansait ses plaies avec la bouffe, et moi entre les deux. Je n'ai jamais été très douée pour tenir en équilibre, il faut toujours que je penche d'un côté. Petite, c'est du côté de ma mère que j'avais tendance à basculer. J'ai longtemps cru que c'était un choix, mais je n'en suis plus très sûre.

Je crois que c'est sa fragilité qui l'imposait. Parce qu'elle était indéniablement la plus faible des deux.

C'est drôle, cette manie de toujours penser que ceux qui souffrent le plus sont forcément ceux qui le montrent, qui l'expriment. Je me suis peut-être trompée, peut-être était-elle seulement plus démunie face à son mal-être. N'empêche qu'à l'époque, c'était ce qui ressemblait le plus à la réalité.

Surtout à partir du jour où mon père a décidé d'arrêter de fumer. Enfin, là encore, ça n'avait pas grand-chose d'une décision…

C'était un jour de septembre, je crois. J'étais rentrée de l'école à pied comme presque tous les jours car elle ne se trouvait qu'à deux rues de distance. J'avais gravi la route en pente qui menait à l'impasse dans laquelle nous habitions, et j'avais mis un coup de pied dans quelques-uns des marrons qui jonchaient le sol avant d'ouvrir le petit portail grinçant de la cour. Comme j'adorais cet immense marronnier qui trônait fièrement devant la maison ! Je ne saurais dire combien d'heures j'ai passées durant mon enfance à faire tomber ses fruits, les ouvrir et les ramasser dès que l'automne s'installait ! C'était même devenu un jeu auquel je me livrais plusieurs fois par semaine, après l'école, avec un camarade de classe qui vivait dans la grande maison d'à côté. C'était à celui qui en récolterait le plus ! Les joies d'une enfance passée à la campagne à une époque où le téléphone fixe était encore la technologie la plus avancée.

Mais ce soir-là, nous avions délaissé notre marronnier.

J'avais poussé la porte d'entrée qui n'était pas fermée et j'avais trouvé ma mère seule dans le salon. Ce n'était pas normal, je l'avais compris tout de suite. Avant que je n'aie eu le temps de poser la moindre question, elle m'avait expliqué que mon père avait été victime d'un malaise un peu plus tôt dans l'après-midi et que les pompiers avaient dû l'emmener en urgence à l'hôpital.

Il était désormais hors de danger, mais les médecins avaient été clairs : s'il n'arrêtait pas de fumer, la prochaine visite à l'hôpital serait probablement la dernière.

J'avais senti mon cœur s'affoler à la seule idée de mon père allongé sur un brancard, entouré de pompiers et de médecins. De mon père victime de quelque chose. De mon père vulnérable.

Ni ma mère ni moi n'étions habituées à cela. Mon père, c'est plutôt le genre de personne qui n'a peur de rien ni de personne, qui ne laisse transparaître aucune faille, aucune fêlure. C'est plutôt le genre de patient qui se fait livrer une pizza à l'hôpital parce que le repas n'est pas à son goût !

À peine de retour à la maison, il avait jeté sans aucune hésitation le dernier paquet de Marlboro light que j'étais allée lui acheter en sortant de l'école la veille, comme je le faisais tous les jours. Des années qu'il laissait sa vie partir en fumée au rythme de deux paquets et demi quotidiens, et puis la vie venait de lui rappeler qu'elle valait bien mieux que ça.

À partir de ce jour-là, il avait commencé à réapprendre le vrai goût de la vie, sans nicotine. Et à partir de ce jour-là aussi, notre existence était devenue un enfer, ou en tout cas l'idée que je m'en faisais. Mon père s'était montré de plus en plus froid, désagréable, impulsif. Enfin, je ne suis pas complètement sûre que ça a commencé à ce moment-là, mais c'est l'histoire que je me raconte.

Sans doute était-ce en partie lié à l'état de ma mère qui ne laissait aucune place à ses faiblesses à lui ; n'empêche que je l'ai détesté à bien des moments. Quand je le voyais la plaquer fermement contre le frigo par exemple, ou quand, depuis le haut des escaliers d'où j'écoutais leurs disputes qui avaient souvent lieu dans la cuisine, je l'avais entendu lui murmurer : « Si tu pars et que tu m'enlèves ma fille, je te tue ! »

Pas dit que les mots soient plus faciles à encaisser que les coups finalement.

La bouffe s'était mise à prendre encore plus de place sur son corps et partout ailleurs. Il avait pris des dizaines de kilos en quelques mois, qu'il avait ensuite perdus au cours d'une cure d'amaigrissement, puis évidemment repris parce que c'était sûrement ailleurs que se trouvait le poids à perdre.

C'est toujours ailleurs que se trouvent les choses qui nous pèsent en réalité. Je le sais maintenant.

Bref, à la maison, c'était pas la joie. Et au milieu d'une ribambelle de souvenirs heureux me reviennent surtout des éclats de voix, des larmes, des regards noirs, des portes qui claquent, des amis qui ne reviendront jamais, des excuses qui ne répareront rien, des moments à jamais gâchés.

Même quand les disputes éclataient loin de moi, je venais m'en mêler.

Je venais m'emmêler.

Dès que j'entendais les voix s'élever un peu plus fort que d'habitude, le ton se faire plus sec, je laissais mes jouets et mon enfance en plan et j'accourais pour prendre la défense de ma mère qui ne savait pas le faire toute seule. J'ai toujours été la seule à oser tenir tête à mon père, sans doute parce que j'ai toujours été la seule à avoir un impact réel sur lui.

J'aurais voulu que mes parents se séparent à ce moment-là, qu'ils arrêtent de patauger au beau milieu de ce qui ne ressemblait plus qu'à des décombres. J'ai même souvent encouragé ma mère à le faire. Parce que je voulais pouvoir continuer à aimer mes deux parents, et que j'étais persuadée que ce serait plus facile de les aimer chacun leur tour.

Mais elle n'est jamais partie.

J'ai longtemps pensé qu'elle manquait juste de courage, mais je sais aujourd'hui que, malgré tout, et même si elle me répétait souvent de ne pas m'encombrer d'un homme plus tard, mon père et elle se sont toujours beaucoup aimés.

Je l'ai lu dans des regards, des gestes, des attentions dont mon père notamment l'a toujours couverte, et qui la gênaient souvent tant l'amour qu'ils contenaient était envahissant. Comme ces bouquets de fleurs qui arrivaient souvent à la maison pour tenter de faire oublier des paroles blessantes dont, au fond, il n'avait pas pensé un mot. C'est la grande spécialité des hommes, ça, ils offrent des bouquets d'épines, et c'est après qu'arrivent les fleurs…

Durant toute mon enfance et mon adolescence, je n'ai jamais cessé de prendre la défense de ma mère, même quand j'étais convaincue au fond de moi qu'elle avait tort. Même si je lui en ai voulu longtemps d'avoir prononcé ces mots au sujet du couple qu'elle avait un jour décidé de former avec mon père : « Je regrette. »

Parfois, je me dis que les paroles devraient y réfléchir à deux fois avant de s'envoyer en l'air. Parce que quand elle disait ça, moi, ce que j'entendais, c'était que, si c'était à refaire, elle préférerait que je n'existe pas. C'est un sacré raccourci, je sais bien, n'empêche que c'est exactement ça au fond. S'il n'y avait pas eu mon père, je ne serais pas là non plus. Et rien que pour ça, elle n'a pas le droit de regretter. Jamais.

C'est sûrement pour ça que c'est un mot que j'ai banni de ma vie en grandissant. Sûrement pour ça aussi qu'un lien de dépendance s'est installé entre ma mère et moi alors que j'avais à peine 7 ou 8 ans. Une relation fusionnelle dont j'ai eu un mal fou à me défaire…

Et puis, je sais que mon père aussi a entendu ces mots, et je me demande ce qu'il a fait de la peine qu'ils ont provoquée.

Elle venait peut-être aussi de là, sa colère.

En racontant l'histoire, j'ai parfois peur de la transformer, d'embellir certains contours, de durcir certains traits… Mais je crois avoir eu une enfance heureuse. C'est à l'adolescence que ça s'est corsé.

Je n'ai jamais manqué de rien matériellement parlant, et j'ai des moments de joie et de tendresse plein mes souvenirs flous. Il m'arrive parfois de rêver à ces années de vie rythmées par l'insouciance, la légèreté et l'innocence.

J'ai été très aimée.

Peut-être trop.

Peut-être mal.

Mais je crois que chacun a fait de son mieux dans cette histoire. Comme dans toutes les histoires, au fond.

3.

« Le premier ennemi à combattre est à l'intérieur de soi. Souvent, c'est le seul. »
Christine Orban, *Deux fois par semaine*

Ça y est, le champ est libre, tu vas pouvoir manger! me disait cette voix dans ma tête chaque fois que je savais que mes parents allaient s'absenter et me laisser seule à la maison, même si ce n'était que pour une heure, même si ce n'était que pour 15 minutes, ça suffirait. C'était devenu un conditionnement, un réflexe. En avais-je envie? Avais-je faim? Des questions que je ne me posais pas. Des réponses qui n'avaient aucune importance.

Si je pouvais manger, je le faisais.

C'est tout.

J'ai commencé à vivre dans l'attente de ces moments où je pourrais laisser libre cours à mes pulsions. Et si, pour une raison ou une autre, l'un de ces tête-à-tête prévus avec la bouffe venait à être annulé à la dernière minute, que ma mère venait gentiment m'informer que « finalement papa va faire les courses tout seul parce que j'ai d'autres choses à faire », la frustration qui me gagnait était alors presque aussi intense que la colère qui m'envahissait ensuite ; la cause de l'empêchement devenait la cible malheureuse de mon agressivité. Mes parents donc, puisque c'était avec eux que je vivais à cette époque. Puisqu'il n'y avait qu'eux entre la bouffe et moi.

Lorsque tout se passait comme prévu en revanche, l'excitation et l'euphorie me gagnaient à mesure que l'échéance approchait. Comme lorsque, petite fille, je me préparais à découvrir les cadeaux au pied du sapin à la veille de Noël et que l'impatience que je ressentais était presque aussi forte que la joie qui m'animait en déballant – toujours soigneusement – les nombreux cadeaux.

Je guettais le claquement de la porte d'entrée, le bruit du moteur de la voiture qui démarre et s'éloigne, un dernier geste de la main en l'observant tourner au coin de la rue par la fenêtre de la cuisine… puis je me précipitais sur le frigo et les placards comme une droguée en manque. Comme si c'était Noël à chaque fois.

Quelques morceaux de fromage, quelques fourchettes piochées dans les différents restes de plats, quelques morceaux de pain tartinés de beurre, quelques biscuits, quelques carrés de chocolat, quelques cuillères plongées dans le pot de pâte à tartiner… Juste un peu, pour ne pas éveiller les soupçons. Juste un peu, mais de tout ce que je pouvais trouver à ce moment-là.

Et puis, une fois mon festin terminé, venait le moment le plus désagréable. Celui où j'essayais longuement de forcer les aliments à prendre le chemin inverse, d'expulser ce trop-plein écœurant à l'aide de toutes les techniques possibles.

J'ai mis mes doigts au fond de ma gorge, j'ai bu 1,5 l d'eau quasiment sans m'arrêter, j'ai appuyé sur mon ventre en mettant ma tête à l'envers, j'ai mangé encore plus pour que les aliments finissent par n'avoir plus d'autre choix que de se laisser régurgiter, j'ai pris des laxatifs…

Mais rien.

Rien ne voulait sortir. J'étais condamnée à tout digérer, à supporter la douleur, le dégoût, la honte. Vomir m'était impossible. La seule chose qui voulait bien s'échapper de ce corps duquel j'étais prisonnière, c'était mes larmes, brûlantes. Et je m'y suis noyée, souvent.

J'ai commencé par appeler ça de la gourmandise. Et puis…

– Il n'y a plus que ça comme beurre ?

– Je ne sais pas ! Pourquoi tu me demandes ça à moi ? J'en ai juste pris un peu ce matin !

– Bon sang ce qu'il part vite, c'est pas possible…

–…

J'ai détesté ma mère chaque fois qu'elle m'a fait ce genre de remarque avec un air faussement innocent. Elle m'en faisait souvent à cette époque.

Elle ne me croyait pas, bien évidemment, et nous le savions toutes les deux. Mais elle faisait semblant de faire semblant, espérant me faire réagir par ces petites allusions quotidiennes. La seule chose que cela provoquait, en réalité, c'était de la colère, de la honte et un mal-être encore plus profond. Je lui en voulais terriblement de me forcer à regarder en face cette réalité qui m'était déjà tellement douloureuse.

Le beurre partait vite, oui. Parce qu'il était rapidement devenu l'un de mes aliments de prédilection avec la pâte à tartiner. Enfin, la pâte à tartiner d'abord. Une cuillerée, puis une autre, acceptables. Bien racler les bords pour que le niveau du pot ne diminue pas de manière trop visible. Puis de plus en plus de cuillerées et de moins en moins de plaisir. Le beurre, c'est lorsque l'écœurement s'installe, c'est pour adoucir le goût et pouvoir continuer à me gaver. L'association des deux est un vrai délice, du moins… jusqu'à la troisième cuillerée. Ça l'est déjà beaucoup moins quand on arrive à la moitié de la plaquette de beurre et du pot de chocolat.

Les allusions de ma mère m'ont rapidement contrainte à trouver une parade. Plusieurs fois par semaine, je prenais alors mon vélo, mon sac à dos, et sous prétexte d'aller acheter le pain ou autre chose dont nous avions besoin, je pédalais jusqu'au magasin le plus proche pour y acheter des plaquettes de beurre que je planquais ensuite dans un coin du frigo. Quand ma consommation devenait trop visible, je sortais l'une d'elles, je l'entamais un peu pour que rien n'y paraisse et je planquais la fin de l'autre pour ma prochaine crise. Quand je n'avais plus de réserve, je me rabattais sur l'huile de cuisine dans laquelle je trempais des morceaux de pain un peu rassis... De cette façon, la quantité semblait diminuer à un rythme normal, et personne ne me forçait donc à me justifier et à mentir.

Petit à petit, je me suis mise à profiter de ces courses clandestines pour remplir mon sac à dos d'autres choses, de viennoiseries souvent. À peine rentrée, je filais dans ma chambre pour dissimuler dans un placard le butin obtenu grâce à l'argent que je volais de plus en plus régulièrement à mes parents.

Oui, je volais de l'argent pour m'acheter mes doses de bouffe, ma drogue.

Pas le choix.

J'avais trouvé la parade, mais pas pour longtemps. Car si mes crises n'étaient plus visibles dans le frigo, elles le devenaient de plus en plus sur mon corps…

L'image que me renvoyait mon miroir n'était plus que le reflet de mes échecs, de mes faiblesses. Je haïssais cette image. J'aurais voulu la détruire, briser mon miroir en mille morceaux et me servir de l'un d'eux pour lacérer ce corps que j'habitais mais qui ne m'appartenait plus. Ce corps que je m'étais mise à détester. J'aurais voulu sentir la douleur du verre pénétrer ma chair et la défier jusqu'à ce qu'elle devienne suffisamment insoutenable pour masquer la souffrance qui emplissait mon cœur et mon âme ; jusqu'à la rendre indolore.

Jusqu'à me rendre inexistante.

4.

« La mélancolie est un crépuscule. La souffrance s'y
fond dans une sombre joie. La mélancolie,
c'est le bonheur d'être triste. »
Victor Hugo, *Les travailleurs de la mer*

Douze.

C'est le nombre de kilos que j'avais pris en quatre mois.

Adieu la taille 36, mes placards se remplissaient désormais de 42. Métamorphose que l'adolescence supporte mal, surtout à l'heure de l'entrée au lycée. Je dissimulais cette obésité naissante sous des vêtements amples, superposant deux soutiens-gorge pour maintenir ce qui me faisait office de poitrine et tombait presque au milieu de mon ventre comme deux gants de toilette. Ce corps me faisait honte, il ne me ressemblait pas. Il ne ressemblait à rien. Ce corps était ma punition, ma prison. Je me sentais immonde, répugnante, et je me refermais peu à peu sur moi-même.

Le regard des autres m'est devenu insupportable avant que leur présence me soit carrément insoutenable. De crises de larmes quotidiennes en arrêts maladie à répétition, je me suis retrouvée agoraphobe. Une jolie étiquette de plus pour me définir.

J'ai commencé par aller de moins en moins au lycée, jusqu'à ne plus être capable d'y mettre un seul pied. Jusqu'à limiter mon espace de vie à la maison, puis à ma chambre. La moindre confrontation avec le monde extérieur était devenue source de violentes crises de panique. Sous le regard désespéré de mes parents, je me déconnectais peu à peu de la vie, de cette vie dont je ne voulais plus.

La musique était devenue mon refuge, et mon piano mon confident. J'avais commencé à en jouer à l'âge de cinq ans, et il m'arrivait désormais de composer mes propres morceaux. Pendant cette période tout particulièrement, j'ai passé des heures interminables à caresser ses touches pour m'abstraire du monde, me soustraire au réel. Une relation sans fausse note, sans bémol.

En dehors de lui, je me sentais terriblement seule.

Je l'étais.

J'ai cherché des mains tendues, je n'en ai trouvé aucune. Pas même celle de l'un de mes deux grands frères auquel j'avais confié mon désespoir.

Le désespoir, c'était une petite boîte cachée dans un tiroir de mon bureau. Un cocktail explosif de médicaments préalablement sélectionnés avec soin dans l'armoire à pharmacie familiale. Antidépresseurs, anxiolytiques, somnifères... Merci maman.

J'aurais voulu que ce grand frère tant aimé et admiré entende cet appel au secours, qu'il s'en fasse l'écho.

Mais il n'a rien fait. N'a rien dit. Je me demande encore souvent pourquoi.

Je ne dois qu'à moi de n'avoir jamais avalé le contenu de cette boîte que j'ai pourtant souvent eue entre les mains. Mais je n'ai jamais voulu mourir, au fond. Et c'était bien là mon drame. Je voulais vivre. J'aimais intensément la vie malgré ce qu'elle m'infligeait. Alors, le signal d'alarme, j'ai finalement préféré le tirer autrement.

« Je ne réussirai pas à m'en sortir seule. J'ai besoin d'aide, je voudrais être hospitalisée. »

Voilà les mots exacts que j'ai prononcés à l'attention du médecin de l'hôpital que j'ai rencontré avec mes parents, eux aussi tellement impuissants malgré leurs efforts.

Je crois que c'est ce jour-là que mon père a commencé à comprendre que quelque chose n'allait vraiment pas, et à accorder à ma souffrance une légitimité, mais toujours sans mettre de mot dessus. La bouffe, sujet tabou entre mon père et moi. Entre mon père et lui-même.

Elle a pourtant toujours joué un rôle central dans notre famille. Il y avait la bouffe d'abord, puis le reste qui venait s'organiser autour. Jamais le contraire.

Au sens propre du terme, mon père m'a toujours nourrie d'amour. Je crois que c'est sa manière à lui de prendre soin de moi, d'exprimer ses sentiments tout en restant à l'abri sous sa carapace solide, derrière son caractère dur, son impulsivité, sa fierté. Il est le genre de personne que rien ne semble pouvoir atteindre, toucher ni menacer, surtout pas la souffrance morale, et encore moins celle des autres. Un être opaque.

Il faut le connaître pour savoir l'immense générosité qu'il dissimule, les peines ensevelies et l'amour inconditionnel qu'il me porte.

Il faut le connaître pour l'aimer.

Et encore, même comme ça, ce n'est pas toujours évident.

Même nos animaux, il a toujours passé son temps à les couvrir de gourmandises, comme s'il était convaincu de faire ainsi leur bonheur, comme s'il avait peur qu'ils manquent de quelque chose sans que l'on sache vraiment de quoi.

Moi je n'ai manqué de rien. Sauf de lui.

Le lien affectif que j'aurais dû avoir avec mon père, c'est avec la nourriture que je l'ai créé. Manger m'a toujours procuré la douceur et le réconfort que m'auraient bien mieux apporté ses bras et son écoute. Mais je n'ai jamais osé lui dire à cause de cette pudeur qui s'est très tôt installée entre nous.

Je n'ai pas osé lui dire que la souffrance pouvait être autre que physique et faire pourtant bien plus mal ; lui dire que, non, mon désespoir, ce n'était pas du cinéma.

Parce que, aujourd'hui encore, je souffre, même si je n'ai mal nulle part.

Enfin si, j'ai mal au cœur.

Tu entends, papa ? J'ai mal au cœur…

5.

« Chaque être est le terrain fertile
de tous les possibles. »
Marc Pistorio

Quelques jours après ma rencontre avec le médecin, avec espoir et soulagement, j'intégrais le Centre d'Aide et de Soins aux Adolescents de l'Hôpital de Bourges. Une petite structure pouvant accueillir jusqu'à huit adolescents aux troubles variés, encadrés par des infirmiers, un médecin, un psychologue et des éducateurs.

Dans mon sac, j'avais glissé des vêtements, mon nécessaire de toilette, des livres, du papier à lettres, des photos de mes parents et de mes deux chiens pour les accrocher au mur de ma chambre et un calendrier pour pouvoir barrer les jours. Pas de ciseaux ni quoi que ce soit d'autre avec une lame, un bout pointu ou tranchant. Le règlement l'interdisait afin d'éviter toute tentative de suicide.

Ma chambre était confortable et donnait sur le parking et l'entrée du Centre. Je pouvais donc observer les allées et venues des visiteurs et regarder mes parents s'éloigner après une visite depuis ma fenêtre verrouillée, pour éviter les fugues.

Les visites étaient autorisées tous les soirs, de 18 h à 19 h, tout comme les appels téléphoniques, sauf pendant la première semaine d'hospitalisation qui était appelée *semaine de rupture* et qui nous obligeait à couper tout contact avec notre environnement extérieur.

Le dimanche, c'était différent. Nous pouvions recevoir des visites de 15 h à 18 h, elles pouvaient durer 1 h 30 au lieu d'une heure, et il était alors permis de se promener avec nos proches dans le parc de l'hôpital. Un vrai moment de liberté hors de ces murs blancs qui encerclaient notre mal-être, et de cette petite pièce vitrée où nous recevions nos visiteurs comme des prisonniers.

Les rencontres que j'ai pu faire là-bas m'ont marquée. Deux d'entre elles surtout.

Il y a d'abord eu Nathan, un petit garçon de neuf ans, vif d'esprit et très attachant. Nathan était anorexique. Quand je suis arrivée, on venait tout juste de lui retirer la sonde qui l'alimentait. Je me souviens des cernes autour de ses yeux, de son visage très pâle et de son rire communicatif. Je ne comprenais pas comment un petit bonhomme qui aurait dû être en train de faire un tas de bêtises avec des copains de son âge pouvait se retrouver allongé dans un lit d'hôpital, alimenté par un tuyau.

Quels drames de la vie l'avaient amené là, je ne l'ai jamais su. Il ne se plaignait pas, se livrait peu, mais la joie de vivre ne le quittait jamais malgré des moments de doute comme nous en avions tous.

Nous ne savions pas à l'avance combien de temps durerait notre séjour au centre, tout dépendait de l'évolution de notre état physique et psychique. Cela pouvait aller de quelques semaines à six mois, rarement plus. Nathan était là depuis presque six mois. Son état commençait à s'améliorer quand je suis arrivée et il est parti quelques semaines plus tard. J'étais heureuse de le voir s'en aller aux côtés de son papa à la conquête d'une toute nouvelle vie, même si une partie de son innocence s'était perdue, même si son départ me serrait le cœur.

Et puis il y a eu Isabelle, dont je ne me souviens plus l'âge.

Ce que je ne pourrai jamais oublier en revanche, c'est le corps squelettique qu'elle déplaçait avec difficulté, voûtée telle une vieille dame, la faible masse de cheveux longs qui tombait sur son visage creusé et terriblement triste, son regard qui n'abritait plus la moindre parcelle d'envie, de vie.

Isabelle ne vivait plus depuis longtemps, elle survivait, perpétuellement au bord de la mort. C'était douloureux à voir.

Lorsque je suis arrivée au centre, la sonde qui l'alimentait elle aussi venait de lui être retirée et elle parvenait avec grand mal à manger presque un yaourt entier et à boire un demi-verre d'eau par repas, en plusieurs fois et à force d'encouragements. On appelait ça une amélioration et on la félicitait à la fin de chacun de ces *repas* qui duraient une éternité...

Deux fois par semaine, il y avait la pesée, pour tout le monde. Un moment que beaucoup de pensionnaires appréhendaient car, pour certains, une baisse de poids était synonyme de sanction. La sanction, c'était d'être privé de la sortie de groupe du mercredi après-midi (en ville ou au cinéma souvent) ou pire, de ne pas avoir droit à la visite du dimanche, celle que tout le monde attendait avec impatience.

Être privé de l'une de ces sorties hebdomadaires constituait une véritable punition, les infirmiers se servaient donc de cela comme moyen de chantage.

Isabelle avait tenté de les duper à plusieurs reprises en se retenant d'aller uriner avant la pesée ou en buvant un peu d'eau. Mais son petit manège avait vite été remarqué. Nous redoutions tous ce moment avec elle car nous savions qu'une nouvelle perte de poids la rapprocherait davantage de la mort que de sa sortie.

Les infirmières désespéraient de son cas. L'une d'elles m'avait même confié un jour qu'il y avait extrêmement peu de chances qu'elle guérisse et qu'ils risquaient de n'avoir d'autre choix que de la laisser partir dans cet état…

Que pouvaient-ils faire de plus de toute façon ? Comment peut-on forcer à vivre quelqu'un qui s'est déjà abandonné à la mort ?

Mon hospitalisation a duré quatre mois.

Quand je suis partie, Isabelle était toujours là.

Je ne sais pas ce qu'elle est devenue, mais je ne suis pas très optimiste.

J'espère simplement, où qu'elle soit, qu'elle a trouvé la paix.

6.

« Que serions-nous sans nos souffrances ?
Un sourire sans doute, mais sans nuances. »
Marguerite Duras

Mon séjour avait été rythmé par des visites et appels réguliers de mes parents et de mes deux grands frères, des tonnes de courrier d'amis que je ne pensais même plus avoir et au moins un par jour de ma mère parce qu'elle savait que j'aimais recevoir du courrier, un rendez-vous hebdomadaire avec une psychologue, un autre mensuel avec un médecin, différentes activités, plus rarement des sorties et, de temps en temps, vers la fin, quelques week-ends de *permission*.

Sport, musique, dessin, cuisine, poterie, jeux de société… On aurait presque dit une colonie de vacances, sauf que les moniteurs étaient tous en blouse blanche, que nous n'avions pas le droit de sortir ni de communiquer avec nos proches librement, et que la souffrance flottait tout autour de nous, étouffant les rires, les rêves, les espoirs parfois.

Les premiers jours avaient été difficiles. Ma famille me manquait, mes crises de boulimie aussi. Mes crises de boulimie surtout.

J'essayais tant bien que mal de faire quelques provisions au moment des repas, mais les petites portions individuelles de Nutella et les morceaux de pain que je parvenais à dérober me permettaient à peine quelques grignotages.

J'étais en manque, j'en pleurais parfois de rage, le corps tremblant, pendant qu'Isabelle pleurait pour ne pas devoir finir son demi-verre d'eau.

De ça, je n'ai jamais parlé à la psy. La bouffe n'était pas un sujet que nous abordions. Je croyais être là à cause de ça pourtant, mais elle m'avait expliqué que non. Marine elle s'appelait, un prénom doux qui lui allait bien. Elle avait une petite voix de celles qui ne semblent faites que pour dire de jolies choses.

En réalité, elle l'utilisait peu pendant nos séances. Celle qui parlait, c'était surtout moi. J'ai parlé de ce qu'elle semblait vouloir entendre puisque sa première question avait été : « Quelle relation avez-vous avec vos parents ? »

Moi qui faisais mon entrée dans le monde étouffant des psy, je ne savais pas encore que tout tournerait toujours autour de ça.

Alors je lui ai raconté, sans plaintes ni reproches. Je lui ai raconté la relation fusionnelle avec ma mère, nos rôles que nous avions inversés très tôt sans vraiment en avoir conscience parce que ceux que nous avions ne nous convenaient pas. Je lui ai raconté le poids parfois un peu lourd sur mes épaules de ses traumatismes passés, de sa dépression, de son excessive sensibilité et du manque cruellement douloureux de ses deux fils restés auprès de leur père après un premier divorce dévastateur. Je lui ai raconté la peine que j'avais ressentie en la voyant pleurer toutes les larmes de son corps agenouillée contre le rebord de la salle de bain l'autre jour. Je lui ai raconté que j'aurais voulu pouvoir grandir un peu plus vite encore pour pouvoir l'aider davantage. Parce que moi seule pouvait la défendre lorsque sa faiblesse la rendait trop vulnérable face aux violentes colères verbales de mon père. Parce que moi seule pouvait la réconforter lorsqu'elle restait dans son lit avec ses larmes et me désignait comme sa seule raison de vivre, sa dernière source d'oxygène. « Si tu n'étais pas là, je ne serais plus là depuis longtemps… » m'avait-elle confié plus d'une fois. Alors j'ai grandi en croyant que c'était ça, l'amour.

Marine m'écoutait en hochant la tête régulièrement, en me souriant un peu parfois comme pour me dire que c'était ça, voilà, que c'était là qu'était venu se construire mon mal-être.

Je ne voyais pas vraiment ce que tout ça avait à voir là-dedans. C'était ma mère après tout, elle méritait au moins ça. Elle représentait tout pour moi. Et la peur de la perdre un jour me hantait.

« Oui, j'ai absorbé sa souffrance, son désespoir, oui je me suis faite éponge, et si c'était à refaire, je ferais tout pareil, aurais-je parfois voulu lui dire. Je ne vous en parle pas pour m'en plaindre, je vous en parle parce que vous me l'avez demandé. Parce que rien d'autre ne vous intéresse. Ni les 12 kilos que j'ai pris à force d'engloutir tout ce que j'avais à portée de main, ni le mal-être que je ressens au milieu des autres et qui m'empêche d'aller au lycée, ni de ce corps qui me dégoûte. Alors c'est vrai, ce n'était peut-être pas mon rôle, et sans doute que dans un monde aussi parfait que parfaitement surréaliste j'aurais dû être préservée de tout ça, par ma mère justement. On y revient ! Mais moi, je pense surtout que si on a la possibilité d'aider quelqu'un qui en a besoin, quelqu'un qui nous aime comme ma mère m'aime, alors aucune règle ne devrait nous empêcher de le faire, et aucun psy au monde ne devrait – depuis son confortable fauteuil en cuir noir – avoir son mot à dire là-dessus ! »

Mais la douceur de Marine m'empêchait de lui dire tout cela. Je crois que je l'aurais déçue. Je voulais qu'elle sourie, qu'elle pense m'aider à aller mieux. Alors, au fur et à mesure de nos rendez-vous, j'ai pris l'habitude de lui parler de mes parents plutôt que de moi, et j'ai fait comme si la nourriture n'était plus un problème. Une fois de plus, je me suis oubliée parce qu'il me semblait que ça arrangeait tout le monde.

Et puis sans doute que l'on peut construire quelque chose à partir de tout ce qu'on éponge…

7.

« Aux plus importantes croisées des chemins de notre vie, il n'y a pas de signalisation. »

Ernest Hemingway

L'équipe de soignants a été formidable et son soutien précieux durant cette période, mais aucun accompagnement ne m'a été proposé sur le plan diététique. Pire que ça, après quelques semaines pendant lesquelles j'avais continué à grossir, personne n'a jugé préférable de me dire non lorsque j'ai demandé à suivre un régime strict dans le but de commencer à perdre ces 14 kg sous lesquels je disparaissais chaque jour un peu plus. Comme si la boulimie pouvait se soigner comme ça…

J'avais atteint le poids maximal que j'ai jamais fait : 66 kg. Pour 1,58 m. Ces kilos étaient devenus mon obsession et, dans un élan inattendu de détermination, j'avais décidé de les faire disparaître un à un.

À partir de là, j'avais donc eu droit à un menu spécial à chaque repas. Pas de féculent, pas de gras, pas de sucre, pas de plaisir. Rien d'autre que des légumes cuits à l'eau sans aucune saveur. C'était immonde. Mais j'étais fière d'avoir ce courage, de reprendre le contrôle sur la bouffe.

J'avais perdu 3,5 kg en une semaine, et 1,5 kg la semaine suivante. Forcément.

J'étais heureuse, je reprenais doucement espoir, je réapprivoisais peu à peu ce corps avec lequel il me fallait cohabiter, ce corps qu'il me faudrait bientôt réhabituer au monde extérieur.

Je guérissais, c'était évident. Même pour moi.

Alors, était venu le moment d'envisager de reprendre contact avec le monde extérieur. Celui qui me terrorisait tant. D'abord quelques sorties hebdomadaires en ville d'une dizaine de minutes avec un éducateur, le maximum dont je me sentais capable, puis les 10 minutes s'étaient transformées en 30 et, doucement, j'avais pu recommencer à sortir sans qu'une crise d'angoisse ne se déclenche. Deuxième victoire sur moi-même. Assez rapide celle-là. La troisième risquait de se montrer plus corsée. Elle était celle que je redoutais le plus.

Retourner au lycée.

Je n'y avais pas laissé d'amis, je n'en retrouverais donc pas. Je savais aussi que l'année scolaire était fichue, avec plus de quatre mois d'absence je ne pourrais pas échapper au redoublement. Mon année d'avance, les mises à l'écart et les jalousies endurées à cause de cela... Tout ça pour rien.

J'ai mis du temps à l'accepter.

Pour ma première semaine de reprise scolaire, il était prévu que je reste en hospitalisation ouverte. Cela voulait dire que je devrais manger à la cantine le midi et rentrer dormir au centre le soir. Un membre du personnel soignant serait chargé de m'amener au lycée le matin et de me récupérer le soir. Ensuite seulement, si tout se passait bien, je serais autorisée à rentrer chez moi pour de bon et à reprendre une vie normale.

Enfin ça, c'était la théorie.

La nuit précédant ce fameux jour de rentrée, j'ai été frappée d'une violente crise d'angoisse. J'étais terrorisée, paniquée, effondrée. Je me sentais incapable de retourner au lycée, l'épreuve me semblait insurmontable. Face au flot de larmes qui me coupait le souffle et que je ne parvenais plus à contrôler, les infirmières m'avaient donné un calmant et je m'étais finalement endormie, emportée par l'épuisement.

Le lendemain matin, c'est le corps tremblant et les mains moites que j'avais franchi la grille du lycée. Je ne savais pas à quoi m'attendre, je n'avais plus aucun repère au sein de cette fourmilière.

Je m'étais imaginée de l'étonnement, de la curiosité, peut-être même un élan de sympathie de la part de ceux qui allaient redevenir mes camarades et qui avaient été informés de mes *ennuis de santé*.

Je ne m'étais pas imaginée un seul instant cette indifférence.

Ce silence.

Dans le couloir où j'attendais au milieu des autres que la porte de la classe s'ouvre, j'étais transparente, inexistante. Non, même dans mes cauchemars je n'avais pas imaginé ça. J'ai eu envie de disparaître, de m'enfuir en courant et de ne jamais plus remettre un pied dans cet endroit où je n'étais qu'un courant d'air.

J'ai pris sur moi pourtant, et je suis entrée dans la salle de classe, comme tout le monde. J'ai suivi le cours en silence, comme tout le monde, ignorant les boutades maladroites sur mon retour d'un professeur de français que je n'aimais pas et qui me le rendait bien. Mais à la différence des autres, à l'intérieur de moi, la minuterie d'une bombe à retardement s'affolait.

L'angoisse me dévorait.

Quand la sonnerie a retenti, je me suis précipitée vers la sortie et j'ai rejoint l'infirmerie, cernée par les larmes, bousculant tout ce qui se trouvait sur mon passage. J'ai expliqué ma situation à l'infirmière qui la connaissait déjà et je lui ai dit que je refusais de retourner dans cette classe et de subir une nouvelle fois cette confrontation, que j'en étais totalement incapable, que rien ne me terrifiait davantage. J'ai demandé à ce qu'on appelle ma mère, je voulais rentrer chez moi, me réfugier dans ma chambre et ne plus jamais en sortir. Je voulais me blottir dans le canapé du salon, enveloppée dans l'épaisse et douillette couette rose qui m'accompagnait depuis ma naissance, comme à chaque fois que j'étais malade et que mes parents m'apportaient mes repas sur un plateau, avec de petits cadeaux ou des piles de magazines prêtés par Laurette qui tenait le tabac presse au bout de la rue où j'allais toujours acheter les cigarettes de mon père. Je voulais rouvrir l'une de ces parenthèses d'enfance, et la refermer pour toujours.

Au lieu de ça, lorsque ma mère est arrivée quelques minutes plus tard, elle a refusé de m'emmener avec elle. Les consignes données par le centre étaient claires, ma guérison en dépendait. C'est donc un éducateur qui est venu me chercher.

Dans le mini-van qui me ramenait au centre, nous n'avons pas parlé. Je ne me sentais qu'à moitié soulagée car je savais très bien que je n'avais fait que retarder l'échéance. Après le déjeuner, c'est dans le même mini-van et dans le même silence qu'il m'a fallu faire le trajet inverse. J'ai claqué la porte sur quelques encouragements et j'ai fait face à cette immense grille entrouverte que j'allais devoir franchir.

Seconde tentative.

Contre toute attente, les choses se sont passées complètement différemment. Certainement que le message avait circulé au sein de la classe avant ce second retour, car l'accueil qui m'a été réservé n'avait plus rien à voir avec l'indifférence totale du matin.

Plusieurs de mes camarades sont venus me parler et, au début du cours, un cadeau m'a été offert de la part de toute la classe, accompagné d'une carte me souhaitant un bon retour. Mon angoisse a alors pu commencer à se dissiper et la journée s'est plutôt bien passée, de même que les suivantes.

Comme prévu, le vendredi soir, j'ai pu faire ma valise, pour de bon cette fois.

J'ai barré une dernière fois le jour de mon calendrier, j'ai rangé mes affaires et je suis partie du centre sans me retourner, laissant derrière moi cette odeur infecte de produit ménager et toutes ces blouses blanches. J'étais prête à retrouver ma liberté, à tourner la page sur cette période de ma vie et à tout recommencer à zéro.

Je n'ai quasiment aucun souvenir de cette période de transition.

Je me souviens seulement que pendant quelques mois, le sport a remplacé la nourriture au rang de mes addictions. Je voulais garder sur mon corps le contrôle que j'avais enfin retrouvé et, surtout, ne pas reprendre un seul de ces kilos qui avaient transformé ma vie en enfer. J'avais de nouveau des amis, mes résultats scolaires étaient rapidement redevenus excellents. J'avais décidé de mettre la barre haute dans tout, sans vraiment voir le danger que camouflait ce désir. Était-ce pour rattraper ce que je considérais comme un échec ? Avais-je des choses à me prouver à moi-même ? Aux autres ? Un peu de tout ça sans doute.

Je continuais à voir Marine une fois par semaine, mais nos rendez-vous étaient insignifiants. Je lui racontais que tout allait bien pendant une heure jusqu'à un timide « Bien… ! » qui annonçait que l'on allait s'arrêter là, non pas parce que ce que je venais de dire méritait que l'on s'y attarde, non, simplement parce que sa montre venait de lui indiquer qu'il était temps de passer à son rendez-vous suivant. Tout n'allait pas bien pourtant. Loin de là.

Six mois. C'est le temps qu'a duré cette lune de miel, ce semblant de vie normale.

Six mois, peut-être moins. Six mois d'addiction au sport et aux bonnes notes, parce qu'il fallait bien trouver autre chose pour remplir l'espace, d'autres obsessions auxquelles m'abandonner.

Quand, comment, pourquoi un jour tout a basculé à nouveau ? Je n'en sais rien. Mes souvenirs sont flous et incomplets. Peut-être même que je me raconte des histoires et que ça n'a jamais vraiment été mieux.

Ce que je sais juste, c'est qu'un jour, j'ai réussi à vomir.

Simplement, sans effort. Sans même avoir besoin de mettre mes doigts au fond de la gorge ni d'utiliser aucune autre des techniques auxquelles je m'épuisais en vain par le passé.

Je crois qu'il y a eu un court-circuit dans mon esprit, un bug. C'est à cet instant précis que tout a commencé.

Enfin, ce *tout* là, fait de vide, de froid. Quand j'ai commencé à me faire vomir. C'est drôle, j'avais écrit *mourir* au lieu de *vomir*...

Sûrement parce que c'est bien de cela qu'il s'agit, au fond. Vomir, c'est chaque fois mourir un peu.

J'allais désormais pouvoir me remplir autant que je le voudrais, n'importe quand, je n'aurais ensuite qu'à me pencher pour que les aliments repartent en sens inverse. Je ne grossirais pas, et personne n'en saurait jamais rien. J'aurais enfin le contrôle absolu sur mon corps, sur ma vie, sur mes émotions.

De loin, ça ressemblait au bonheur.

Le temps que je réalise que j'avais tout faux, il était évidemment déjà bien trop tard.

8.

« Ce perpétuel mourir qu'on appelle,
faute de mieux, le présent. »
Louis Aragon

Je ne m'étais pas vraiment inquiétée avant ce jour-là.

Le jour où ce sont les pompiers qui ont dû venir me chercher dans un centre commercial où je me trouvais avec ma mère.

Mon père s'était absenté quelques jours pour un stage, nous étions donc toutes les deux seules à la maison et elle avait prévu de me faire des crêpes. Elle m'avait récupérée à la sortie du lycée et nous étions parties faire quelques courses ensemble. Je ne m'étais pas sentie très bien pendant les cours, mais cela m'arrivait souvent quand je n'avais pas pris soin de garder au moins un repas au cours des 48 dernières heures, quand mon estomac était trop vide. C'était passé.

C'est au moment où nous regardions les vernis pour mettre un peu de couleur dans tout ça que tout a soudain disparu autour de moi. Ma vue s'est brouillée, tout est devenu flou, puis noir. Plus aucun son ne me parvenait à part la voix lointaine et paniquée de ma mère qui cherchait à comprendre ce qu'il se passait. J'étais incapable de prononcer le moindre mot, à peine capable de tenir debout, et c'est par je ne sais quel miracle que j'ai réussi à rejoindre les toilettes du magasin, fonçant sur tout ce qui se trouvait sur mon passage. Je sentais que j'étais sur le point de perdre connaissance et j'avais terriblement peur.

À peine m'étais-je assise sur la cuvette rabaissée d'un W.C. que ma respiration s'était bloquée. Paniquée et terrorisée, je m'étais alors levée et accoudée à un lavabo, suffoquant à moitié. Une dame qui sortait des toilettes à ce moment-là m'avait demandé si j'avais besoin d'aide, mais à elle non plus je n'avais pas été capable de répondre.

Ma respiration avait doucement commencé à se débloquer quand les pompiers sont arrivés. L'un d'eux m'a demandé si je mettais du rouge à lèvres bleu. Non, je ne mettais pas de rouge à lèvres. Mes lèvres, tout comme mes doigts, étaient bleus parce que le sang n'y circulait plus. Parce que ma tension avait tellement chuté que les pompiers pensaient que leur appareil ne fonctionnait plus. Jusqu'à ce que, après m'avoir fait traverser tout le magasin dans un fauteuil roulant pour emprunter une issue de secours, un autre appareil dans le camion vienne confirmer le petit chiffre de 8. Sans doute ma tension était-elle même descendue plus bas au plus fort de mon malaise m'avaient-ils alors dit…

Après un passage éclair à l'hôpital ou seul mon taux d'insuline avait été vérifié, j'étais rentrée avec ma mère à la maison. Je n'avais pas mangé de crêpes évidemment, ni rien d'autre d'ailleurs, pendant plusieurs jours. Rien ne passait, mon corps me faisait mal, je me sentais trop faible pour tenir debout, et un autre malaise un peu plus tard pendant la nuit m'avait forcée à ne plus quitter mon lit.

Après trois jours passés ainsi et sans quasiment rien avaler, j'avais enfin commencé à me sentir mieux. Suffisamment mieux en tout cas pour pouvoir aller chez le médecin récupérer un nouvel arrêt maladie suite à ce malaise causé par… une surcharge de travail. C'était devenu l'excuse habituelle. L'excuse facile. J'étais guérie, ça ne pouvait être rien d'autre.

Le pire n'était pas de mentir à mon entourage, à ma famille ou à mon médecin, tellement présent et à mon écoute lui aussi pendant cette période. Le pire, je crois, était de continuellement me mentir à moi-même.

Je savais bien que mon comportement avec la bouffe était tout sauf normal, surtout après cette brutale et violente chute de tension qui aurait pu avoir de lourdes conséquences. Mais je savais aussi que je n'avais ni l'envie ni le courage de lutter contre ces pulsions. La nourriture était ma béquille, ma seule issue de secours.

Alors j'essayais de me rassurer comme je le pouvais. Comme on le fait tous.

Le déni, un refuge confortable. Un refuge temporaire aussi.

Car aussi loin que l'on tente de fuir, on s'emmène toujours avec soi.

9.

« Je ne sais plus vraiment qui je qui. Je ne sais pas
où l'anorexie cesse et où je commence. Où elle prend
sa source et où je m'assèche. J'ignore ce qu'il restera de
moi après elle. Certaines nuits me
travaille l'idée qu'il est des combats à ne pas
remporter, sous peine de ne plus avoir de
raison de rester en vie. »
Les filles du Calvaire,
Le ventre vide, le froid autour

Aujourd'hui, les jours se suivent et se ressemblent, tragiquement.

Manger, vomir, puis dormir parce que mon corps est à bout de forces. Et puis recommencer, manger, vomir…

Sans fin. Sans faim.

Bien veiller à toujours respecter les règles aussi. Celles que j'ai intégrées peu à peu, ou plutôt celles que ma boulimie m'a imposées.

Avant tout : toujours noyer la nourriture au milieu de liquides pendant les crises pour pouvoir les vomir ensuite facilement. Surtout avec certains aliments trop compacts, épais et volumineux, comme la pâte à tartiner ou les pâtes. Impossible de leur faire remonter le tube digestif s'ils ne sont pas mélangés à des liquides ou à d'autres aliments plus fluides.

Ensuite, veiller à ingérer une quantité suffisante d'aliments pour être sûre de pouvoir m'en débarrasser. Plus on mange, plus on vomit une grande quantité de ce qu'on a avalé. Quelques bouchées de quoi que ce soit sont impossibles à vomir. Alors parfois, il m'arrive de faire des crises sans en avoir envie, juste pour être sûre de pouvoir me vider l'estomac après quelques gâteaux de trop.

Et puis, bien sûr, vomir le plus rapidement possible après avoir mangé. Avant que les aliments aient eu le temps d'atteindre l'estomac et ne commencent à être digérés. Dans la demi-heure, ça passe encore. Au-delà, ça commence à devenir compliqué. Plus je vomis vite, plus c'est comme si je n'avais rien avalé.

Il ne faut pas oublier non plus de manger des pommes, tout au long de la journée, parce qu'il faut bien garder un minimum d'énergie pour vivre. J'en mange 4 à 5 par jour, que je garde. Que je digère, je veux dire.

Et puis, depuis que je vis seule, il y a aussi un repas léger que je prends après ma toute dernière crise de la journée, généralement vers minuit. Un bol de soupe, un ou deux œufs durs et un yaourt, histoire de stabiliser mon poids et de ne pas me transformer en squelette. Ça me permet aussi de réduire le nombre de chutes de tension et de continuer à vivre ma maladie dans le secret.

À mourir sans que ça se voie.

Ces règles dirigent ma vie et rythment mon quotidien depuis plusieurs années maintenant.

Et je ne sais pas ce qui est le plus pénible au fond : manger ou vomir ? Manger sans doute. Car vomir me libère. Je vomis tout ce qui prend trop de place à l'intérieur. Tout ce qui déborde, qui pèse, qui m'alourdit, qui m'oppresse.

Je vomis mes angoisses, mon chagrin, mes peurs, ma fatigue, ma joie aussi quand elle est trop forte ; je vomis le manque, la honte, le désespoir, l'excitation, l'impatience, l'euphorie ; je vomis mon besoin d'amour, ma trop grande sensibilité, mon frère qui me manque, les dimanches pluvieux, les enfants qui pleurent…

Je vomis tout jusqu'à ce qu'il ne reste que le vide.

Ces vidanges émotionnelles m'apaisent, me soulagent, m'allègent. Elles me font me sentir libre, forte, presque invulnérable. À tel point qu'il y a des jours où je ne fais que ça.

Je ne sais même plus toujours si j'en ai envie. Je le fais, c'est tout. Par habitude.

Sur le chemin qui me mène au magasin, je m'arrête parfois quelques minutes pour me demander si c'est vraiment nécessaire, si là tout de suite je ne serais pas capable de m'en passer. Il m'est même arrivé une ou deux fois de faire demi-tour, et puis une fois, une seule, j'ai abandonné mon panier rempli devant la caisse d'un magasin. Toutes les autres fois, même quand la seule idée d'avaler quoi que ce soit me dégoûte déjà, je vais au bout du processus, sans me poser de question. Ou en tout cas sans laisser mes doutes prendre le contrôle. J'achète des aliments dont je n'ai pas envie, que je vais manger sans aucun plaisir – non, dont je vais me gaver plutôt, parce que c'est pas ça, manger – et que je vais vomir avec honte.

La boulimie, c'est le seul langage que j'ai trouvé pour dire ma souffrance sans que ça prenne trop de place, sans que ça dérange.

Je me sens bien quand je suis vide. Et qu'importe si ce n'est qu'une illusion. Tout n'est déjà qu'illusions de toute façon.

Il n'y a pas de jolis mots pour parler de ça, pas de formules poétiques, de métaphores filées qui rendraient la réalité plus douce, plus acceptable, plus belle à raconter.

Ma réalité, c'est la cuvette des toilettes. La voilà, ma réalité. Le voilà, mon horizon.

Ça ne mérite aucune poésie.

Je suis malade. Aujourd'hui, je le sais.

Mais un jour, je l'espère, j'écrirai cette phrase au passé. Ce ne sera pas un passé simple, non. Plutôt composé, de souffrances, de mal-être, de désillusions. Mais d'espoir aussi. Infime lueur, presque invisible, presque éteinte, que je sens malgré tout, que je devine, que j'invente s'il le faut. Parce que je ne me laisse pas le choix.

Je ne veux plus de ce semblant de vie, de ce calvaire quotidien, de ce présent sans avenir, de ces journées passées la tête au-dessus des toilettes.

Je ne veux plus de cette vie que je vomis.

10.

« Je crois qu'en fait un homme passe sa vie à guérir de son enfance. »
Jacques Brel

À l'heure qu'il est, je devrais être en cours d'économie. Mais je n'ai pas eu le courage d'y aller. Je l'ai de moins en moins, à vrai dire.

Je préfère m'abstraire de la réalité et vivre par procuration en me plongeant dans des séries pour adolescents et des programmes de télé-réalité. C'est plus facile et confortable comme ça. C'est devenu mon passe-temps préféré, faire mes crises devant la télé.

L'école, je n'y arrive pas. Je n'y arrive plus. J'ai l'impression d'avoir tout donné pendant ces années de lycée. Et comme pour le reste, après *tout*, il ne peut y avoir que *rien*. Et puis, je ne me suis jamais sentie à ma place dans cet environnement, au milieu des autres auxquels je suis censée ressembler mais qui n'ont rien à voir avec moi. L'école a toujours été une vraie source d'angoisse et de mal-être.

Enfin non, pas toujours.

Seulement depuis elle, *celle dont je ne veux pas prononcer le nom*. Un nom qui, à la même période, avait été donné à un pétrolier à l'origine d'une catastrophe naturelle. La nature envoie de drôles de signes parfois…

Nous étions en classe de troisième, au collège. Elle m'avait tendu ce que je croyais être la main qui me permettrait d'échapper au monde d'adultes en souffrance dans lequel je buvais la tasse sans trop m'en rendre compte. Une main qui s'était en réalité refermée sur la mienne pour mieux m'attirer vers le vide.

Ça ressemblait à de l'amitié, ça avait l'air douillet et rassurant. Elle avait su me flatter, me valoriser, me donner de l'importance… pour mieux m'humilier, me manipuler, m'affaiblir ensuite. Ma mère m'avait mise en garde, elle avait vu avant tout le monde la tournure que prenait cette relation. Ça voit toujours tout avant tout le monde, les mamans, ça a ce don-là. Et ça avait aussi celui de m'énerver au plus haut point quand ce qu'elle me disait ne collait pas avec ce que je voulais. Elle finirait par avoir raison, je le savais, et je lui en voulais pour ça !

Sans même que je m'en rende compte, *celle dont je ne veux pas prononcer le nom* m'avait conditionnée, elle avait fait de moi son disciple, devenant froide, prétentieuse, manipulatrice et diablement méchante.

Nous étions presque toujours ensemble, comme deux clones, et durant les rares moments où nous ne l'étions pas, elle imposait que nous nous téléphonions et que nous nous écrivions de longues lettres dans des cahiers que nous avions achetés spécialement pour ça. Tous les matins, nous nous les échangions, juste le temps de lire ce que chacune avait écrit à l'autre avec le même stylo que nous avions acheté en double lui aussi, comme beaucoup d'autres choses. Cette relation avait fini par devenir source de mal-être pour moi, tout comme les humiliations répétées qu'elle me faisait subir et le contenu de plus en plus morbide de nos conversations.

Quand elle m'énumérait les nombreuses méthodes de suicide possibles et imaginables, leurs avantages et leurs inconvénients, ou encore quand elle m'initiait au spiritisme et à la magie noire, qui étaient devenus nos passe-temps favoris. Et toutes ces fois où – je l'ai réalisé bien plus tard – elle me faisait croire que nous allions nous moquer de quelqu'un en lui faisant croire en l'existence de quelque chose que je ne connaissais pas – une marque, un chanteur… –

et que c'était en réalité de moi qu'elle se moquait, car la chose en question existait bien.

Nous allions à l'école entièrement habillées et maquillées de noir, parce qu'elle l'avait imposé, et nous ne nous quittions jamais. Un rituel sinistre avait fait de nous des sœurs de sang, plus rien ne pouvait nous dissocier.

J'ai mis du temps à me rendre vraiment compte de ce qu'il se passait et du gouffre que cette relation creusait en moi. Mon regard était devenu triste, hanté et obsédé par la mort.

Elle avait réussi à me convaincre que nous étions seules face au reste du monde qui ne nous voulait que du mal. Tous, et même certains professeurs, avaient d'ailleurs commencé à nous montrer du doigt. Pour creuser un peu plus profondément encore le fossé qui nous séparait des autres, elle m'avait formatée à n'aimer que des musiques, des films, des marques que personne ne connaissait. Et puis, nous ne nous appelions plus par nos prénoms mais par des pseudonymes.

Fragile et vulnérable, j'avais fini par me sentir privée de mon identité, jusqu'à mon écriture qui s'était transformée elle aussi pour devenir une copie de la sienne avec ces lettres qui ondulaient à n'en plus finir. Une ombre, un reflet, je n'étais plus rien d'autre ; son ombre, son reflet. Elle se plaisait à inventer toutes sortes de choses pour torturer mon esprit davantage, des voix qu'elle disait entendre nous parler et que je finissais par entendre moi aussi, des séances de spiritisme au cours desquelles nous allions jusqu'à souhaiter la mort de certains de nos camarades, et cette obsession du poids qui la faisait sombrer dans l'anorexie à une période où je n'avais encore aucune idée de ce que ça pouvait être. Je commençais même, tout comme elle, à me lacérer les bras, mais la pointe métallique de mon compas ne s'était jamais enfoncée bien profond, heureusement. La douleur physique était une limite que je ne parvenais pas à franchir. Il n'était plus question d'amitié entre elle et moi, je n'étais désormais là que pour assouvir ses pulsions manipulatrices perverses.

Son emprise s'était révélée si puissante que j'avais fini par prendre peur. Je m'étais repliée sur moi-même, ou plutôt sur ce qu'il en restait, et j'avais commencé à refuser catégoriquement de lui répondre au téléphone, puis de me rendre au collège. Je voulais fuir le plus loin possible d'elle car je ne savais pas comment lui échapper autrement. Elle me terrorisait. Chaque journée débutait par une crise de larmes pour ne pas aller à l'école. Au bout de quelques jours, j'avais fini par confier mes angoisses à mes parents qui étaient alors intervenus auprès de sa mère à elle et de la principale du collège. Elle avait eu pour consigne de ne plus m'approcher et de me laisser tranquille. Consigne qu'elle avait étrangement respectée sans discuter ni se rebeller. J'avais alors pu retourner en classe où, par chance, tout le monde était revenu vers moi avec beaucoup de gentillesse et de compassion. Tous semblaient conscients que je n'avais été qu'une malheureuse victime. J'avais alors appris que je n'avais pas été la première et qu'une autre jeune fille avait déjà fait les frais, l'année précédente, de cette pseudo-amitié dévastatrice.

Celle dont je ne veux pas prononcer le nom avait passé le reste de l'année quasiment seule, tout le monde s'était mis à l'éviter comme la peste, et je n'avais plus jamais eu affaire à elle.

Je me demande encore souvent comment une enfant de 14 ans a pu être capable d'une telle perversion et d'un si grand pouvoir de manipulation. Car c'est bien cela que nous étions à l'époque, des enfants, et le danger qu'elle représentait pour les autres était réel. Il m'arrive aussi de me demander quelle adolescente elle est devenue. Quelle jeune femme. Plus tard, j'ai essayé de chercher des informations sur elle, à travers Internet, les réseaux sociaux… Mais rien. Comme si elle s'était volatilisée. Qu'elle n'avait jamais existé.

L'année s'était en tout cas plutôt bien terminée et j'avais cru que tout était rentré dans l'ordre. À vrai dire, nous l'avions tous cru tant nous l'avions espéré. Les vacances d'été m'avaient permis de prendre le large vers des eaux plus calmes, deux séances chez une psychanalyste semblaient avoir apaisé le tumulte intérieur qui m'avait envahie quelques mois plus tôt, et un déménagement avait facilité la mise en place d'une distance physique entre elle et moi. Une distance qui, je le croyais, me rendrait moins vulnérable et plus sereine.

Mais j'avais été naïve de croire que tout pourrait rentrer dans l'ordre aussi facilement, naïve de sous-estimer l'impact destructeur des coups psychologiques dont elle m'avait rouée. Mon corps ne portait aucune trace, mais à l'intérieur de cette enveloppe intacte, tout était détruit.

Un vaste champ de ruines.

Elle avait aussi modifié la perception que j'avais de mon corps. Elle qui n'avait que la peau sur les os se plaisait à me faire manger tout ce dont elle se privait. À force d'entendre parler de poids, j'avais commencé à ne plus me sentir à l'aise avec le mien. Et voilà comment je m'étais retrouvée à suivre mon premier régime, à 14 ans, avec un diététicien.

J'avais perdu 3,5 kilos en un mois, et j'avais gagné un diagnostic : ce que je nommais *excès de gourman-*

dise n'était rien d'autre que de la boulimie. Mais pas d'inquiétude, le régime y avait mis un terme, tout irait mieux.

Si seulement ça avait pu être vrai… Mais la suite, vous la connaissez déjà.

De mon tempérament sociable, jovial et de ma joie de vivre, il ne restait rien. Je n'étais plus remplie que de peurs et d'appréhensions. Elle avait gagné, le monde entier m'effrayait à présent. Je me sentais comme un animal traqué. J'avais peur de ces autres, ces inconnus ; peur des pièges qu'ils pourraient me tendre à leur tour, du mal qu'ils allaient forcément me faire, de leur incompréhension à mon égard. J'avais alors instauré une distance vitale entre eux et moi, la même que j'avais voulu instaurer avec elle durant l'été.

Je ne leur ai laissé aucune chance.

Je souffrais pourtant de cette mise à l'écart, de cet isolement que je m'étais moi-même imposé, et je leur en voulais. J'aurais voulu qu'ils décèlent ma souffrance et tentent de m'apprivoiser. J'aurais voulu qu'ils voient ma détresse et qu'ils m'en sauvent. J'aurais voulu qu'ils creusent au-delà des mots et des apparences. Mais ils s'étaient contentés de ce que je leur avais donné, à savoir rien, se rendant à peine compte de ma présence dans leur décor quotidien.

J'aurais juste voulu qu'ils comprennent que c'était elle que je craignais de retrouver en chacun d'eux. Puis il y avait eu ma déscolarisation progressive, et mon hospitalisation...

Je me demande pourtant parfois : et si c'était encore le cas ? Et si cela expliquait pourquoi je me suis jetée à corps perdu dans le travail pendant les années de lycée qui ont suivi mon hospitalisation ? Et si cela expliquait un peu aussi pourquoi je sèche de plus en plus les cours aujourd'hui encore et que je ne sors pratiquement plus ? Et si elle se trouvait encore cachée derrière chacun de ces autres ?

Aujourd'hui encore, j'essaye d'échapper comme je le peux au milieu scolaire. Manger et vomir me prennent tout mon temps, et quand je ne fais ni l'un ni l'autre, je dors. Je n'ai plus de force, plus d'énergie, plus d'envie, plus rien. Plus que du vide, ce vide que j'ai tant recherché et qui me dévore maintenant de l'intérieur.

Je ne suis plus qu'une ombre. Et encore, même pas sûr que ce soit la mienne.

Je trouve toujours de bonnes excuses pour justifier mes absences, j'arrive à m'en sortir en rattrapant le travail à la maison et en rentrant une partie du cours dans ma calculatrice pour certains partiels.

De temps en temps, je suis quand même obligée de m'y rendre, alors je prends sur moi, je défie ma propre résistance physique et je me fonds au milieu des autres, avec le sourire, l'impertinence et la joie de vivre qui me caractérisent. Je suis plutôt forte pour ce qui est de sauver les apparences. J'ai appris à vivre ma maladie dans la clandestinité, personne ne pourrait se douter une seule seconde de ce que j'endure. De ce que je m'inflige.

Même mes parents pensent que les choses vont mieux. C'est moi qui le leur ai dit.

Parce qu'en quittant le nid familial, nous avions tous pensé que j'allais laisser derrière moi tous mes tourments d'adolescente, me délester de ces poids qui pesaient depuis bien trop longtemps sur mes épaules. L'occasion d'un nouveau départ, d'une vie plus saine à une centaine de kilomètres du cocon familial sclérosant et de son trop-plein d'amour.

Mais abracadabra et…

11.

« Il n'y a pas d'ailleurs où guérir d'ici. »
Eugène Guillevic, *Du domaine*

Rien.

Rien de tout ça en tout cas. Trop friable, j'ai commencé à m'émietter.

En guise de nouveau départ, j'ai trouvé l'Enfer absolu, le lieu parfait et les conditions idéales pour me livrer à mes orgies alimentaires morbides sans plus aucune contrainte.

Ici, dans ce nouveau chez-moi, je suis seule, libre, sans surveillance, sans personne pour contrôler le contenu du frigo et des placards. Plus besoin d'attendre que la porte claque et que la voiture disparaisse au coin de la rue, plus besoin de justifier les poubelles qui se remplissent aussi vite que le frigo se vide.

La boulimie et l'anorexie se sont appropriées ma vie. Et toutes ces plaies invisibles dont elles lacèrent mon corps. Depuis que je suis ici, je ne suis plus rien d'autre qu'une boulimique. Je vomis entre 10 et 15 fois par jour, dès que quelque chose entre dans mon estomac. Le vide engendre la faim, qui engendre les crises de boulimie, qui engendrent les vomissements, qui engendrent le vide, qui engendre la faim… Et c'est ainsi que le piège s'est refermé sur moi.

C'est un cercle sans fin. Sans faim.

Je ne sors que pour aller travailler. Un job de vendeuse à temps partiel que j'ai été forcée de me trouver pour financer mes crises, puisque je ne peux plus voler d'argent à mes parents. 12 heures par semaine, je conseille les clients avec la bonne humeur qui me caractérise et pour laquelle ils me remercient souvent. Pendant la pause déjeuner, je vais acheter un tas de gâteaux et viennoiseries dans plusieurs boulangeries et je reviens les manger dans l'arrière-boutique quand il n'y a personne, avant de les vomir et de retourner travailler, le ventre vide.

La semaine dernière, à la visite médicale obligatoire à laquelle je me suis rendue avant d'aller travailler, j'ai dû prétexter que j'étais un peu fatiguée ces temps-ci quand le médecin s'est étonné de mon 9 de tension… Il me faudrait me contenter de ça pour travailler toute une journée, le sourire aux lèvres. En espérant qu'elles ne deviennent pas bleues à nouveau…

Trois ans que je vis comme ça, et personne ne se rend compte de rien. Enfin, que je *vis*, c'est un bien grand mot. Trois années de mensonges, de souffrance silencieuse, d'autodestruction dissimulée tandis que tout le monde me décrit comme une jeune femme épanouie, dynamique, souriante, sociable.

Personne ne se doute qu'à l'abri des regards, plus d'une dizaine de fois par jour, je vomis ma vie.

Je mange beaucoup et je ne grossis pas ? Normal, je fais beaucoup de sport.

Je vais toujours aux toilettes après les repas ? Oui, j'ai un excellent transit, quelle chance !

Je suis tout le temps fatiguée et je fais régulièrement des chutes de tension ? Pas étonnant, je travaille tellement pour avoir ces excellents résultats…

Je ne sors pas beaucoup avec mes amis ? C'est juste que les études sont ma priorité…

Les placards se vident à une vitesse inquiétante ? Pas grave, vous n'avez même pas le temps de vous en rendre compte que je les ai déjà remplis !

Et mes maxillaires tellement enflés que mon visage ressemble à celui d'un hamster, ça ne vous interpelle pas ? Les toilettes qui se bouchent régulièrement non plus ? Et le fait que j'ai faim à peine une heure après avoir autant mangé vous paraît normal ?

Bon sang, il vous faut quoi pour ouvrir les yeux ? Que je pèse 35 kilos ? Est-ce que je n'aurais finalement pas mieux fait de l'avaler, cette boîte de médicaments, il y a cinq ans de ça ?

Je ne suis rien de ce que vous croyez. Je ne suis plus rien.

Allez au diable !

12.

« Sans relâche, je dois me battre contre moi pour me sauver d'un précipice où je me jette. »

Les filles du Calvaire,
Le ventre vide, le froid autour

Il y a des moments pourtant où tout va mieux, où les choses s'inversent. Des moments où je change d'extrême. Ça arrive comme ça, comme on appuierait sur un bouton. Un déclic. On ne m'a pas collé d'étiquette pour ça.

Dans ces moments qui peuvent durer de quelques jours à quelques semaines, je suis envahie par une volonté et une détermination puissantes qui me poussent à reprendre radicalement le contrôle sur la nourriture. Je deviens absente à moi-même, spectatrice de ces émotions qui me traversent sans plus m'atteindre, qui ricochent à peine sur mon cœur avant de s'évaporer en silence. Dans ces moments hors du temps, je suis comme anesthésiée, imperméable. Je flotte, légère, débarrassée du poids de mes émotions, de mes états d'âme, de ma conscience, de tout ce qui rend un être vivant, en somme.

C'est une sorte de rage amère qui s'empare de tout mon être et me permet de combattre cette partie de moi qui aimerait tant céder au poids des larmes et de la douleur qu'elles transportent.

La lutte est féroce, épuisante.

Ces périodes sont faites de sport à outrance et de régime strict. Je reprends confiance en moi, je sens renaître une faible source d'énergie qui me fait me sentir puissante, invincible. Je résiste à tout ce dont je me gave habituellement, mon frigo n'est rempli que de légumes, de soupes et de yaourts nature. Ma souffrance se transforme en colère, ma faiblesse se change en force et ma douleur devient une arme. J'aime cet état. Je l'aime dangereusement… J'aime surtout ces phases de *repos* qu'il permet, et pendant lesquelles la boulimie s'efface et me rend ma vie. Je ne fais pas semblant, je ne joue pas la comédie, je crois que je suis vraiment moi dans ces moments aussi, je me sens autre. Ou peut-être y a-t-il simplement deux parties en moi qui ne peuvent exister en même temps.

Chaque fois que je traverse l'une de ces périodes, je crois que c'est bon, que cette fois je suis sur la bonne voie, que tout va enfin rentrer dans l'ordre. Que tout est déjà rentré dans l'ordre. J'y crois comme si c'était la première fois à chaque fois.

Évidemment, ce n'est jamais le cas.

Je ne fais que basculer inlassablement de l'euphorie à la dépression, de l'anorexie à la boulimie puisqu'il faut appeler un chat un chat. C'est l'histoire de ma vie ce flirt permanent avec les extrêmes. Passer de l'un à l'autre, sans cesse, et croire à chaque fois que ça va durer.

Jusqu'au moment où le mur s'effondre.

J'aimerais parler d'autre chose, mais vous voyez, je n'ai rien d'autre à raconter que cette instabilité qui me donne le vertige.

Rien.

Ah, si. Il y a cette opération que j'ai subie il y a quelques mois. Il fallait attendre mes 18 ans avait dit le médecin, que ma croissance soit terminée. Alors j'ai attendu mes 18 ans tout pile pour renouer avec une partie de mon corps qui me faisait honte depuis ma violente prise puis perte de poids.

« C'est vraiment affreux ! Je comprends que vous vouliez faire cette opération. Vous ne pouvez par rester comme ça ! », m'avait balancé sans aucun tact le chirurgien, premier homme à qui je montrais mes seins.

Je voulais qu'il en fasse quelque chose de bien, ou au moins de mieux que ces deux masses inégales et immondes pendouillant jusqu'au milieu de mon ventre, que j'essayais de maintenir et de dissimuler derrière un soutien-gorge et une brassière de sport, et qui commençaient à me causer des douleurs dans le dos. C'était un excellent chirurgien m'avait-on dit, même si le tic nerveux qui faisait sans cesse trembler sa main ne m'avait pas beaucoup rassurée lors de notre premier rendez-vous. Mais comme c'est souvent le cas avec les tics, je m'étais doutée que celui-ci devait disparaître lorsqu'il se concentrait. Il m'avait montré des photos de ses dernières opérations, pas peu fier du résultat, mais je n'avais pas eu besoin de ça pour me convaincre.

Cette opération, je l'avais décidée depuis plus d'un an, je n'avais plus besoin d'y réfléchir, j'avais juste besoin d'avoir 18 ans et c'était chose faite. On allait réduire la taille de me seins et retendre le muscle de ma poitrine de manière à ce que tout retrouve sa place. Après ça, un élégant 85C remplacerait mon 85E voir F actuel, et je pourrais enfin me réconcilier avec mon corps. Enfin, avec mon anatomie au moins.

Mes parents, toujours là pour me soutenir dans mes choix, avaient financé la partie de l'opération qui n'était pas prise en charge.

J'avais juste posé deux conditions : que l'on me donne quelque chose pour me détendre avant l'anesthésie et que l'on m'endorme à l'extérieur de la salle d'opération. Je gardais un souvenir traumatisant d'une anesthésie au masque lorsque j'étais petite. Je souffrais d'infections urinaires à répétition – *Escherichia coli*, de son petit nom – que les médecins ne parvenaient pas à soigner. J'étais restée sous traitement antibiotique quelques années, et puis ça avait fini par disparaître, comme par magie. Cela m'avait quand même valu deux épisodes désagréables. Le premier portait le doux nom d' Urographie Intraveineuse, comprenez examen radiologique permettant d'observer le fonctionnement du système urinaire par l'introduction fort peu agréable – surtout pour une petite fille – d'une sonde à cet endroit précis. Le second était un examen du même type mais qui nécessitait lui une anesthésie générale.

– Vous préférez être endormie au masque ou à la piqûre ? m'avait demandé l'anesthésiste.

– Le masque, comme dans *Tintin* ! m'étais-je empressée de répondre, presque avec enthousiasme.

Je ne savais pas que j'aurais l'impression de mourir par étouffement ; que je me débattrais de toutes mes forces pour que les médecins lâchent ce masque, au point qu'ils finiraient par s'y prendre à 4 ou 5 pour me maintenir et me faire une piqûre afin que j'abandonne la lutte ; que je me réveillerais quelques dizaines de minutes plus tard en pleurant et en donnant des coups de pied à ceux qui tenteraient de m'approcher ; que je ne pourrais ensuite plus regarder les poissons sous l'eau avec mon père pendant de nombreuses années, tant le goût du caoutchouc du tuba me rappelait celui du produit contenu dans le masque. L'angoisse de mort m'avait hantée pendant une bonne année après cet événement. Je ne pensais plus qu'à ça chaque soir lorsque je tentais de trouver le sommeil. Je pensais à la mort, la mienne ou celle de mes parents, aux différentes manières dont elle pourrait arriver, et je pleurais, de peur et de désespoir. Je me levais alors souvent, j'allais sur le palier pour entendre la voix de mes parents, en bas dans le salon, puis je me recouchais, soulagée qu'ils soient bien en vie.

Pas question de raviver ce traumatisme, donc. Cette fois, les choses se passeraient en douceur, l'équipe médicale me l'avait promis.

Je n'avais donc aucune raison d'avoir peur de l'acte en lui-même, j'étais juste inquiète d'avoir eu tort de cacher mon état de santé réel aux médecins, et à l'anesthésiste en particulier.

Je savais que si je parlais de mon anorexie, on ne m'opérerait pas, car l'anesthésie présenterait alors un risque trop élevé. Mais cette opération était plus importante que tout à mes yeux, et je n'étais plus à un risque près.

Alors je n'avais rien dit, en essayant de me convaincre que ce n'était pas si grave, que ça irait. Et ça avait été, par chance, même si le réveil avait été difficile et que les infirmiers avaient dû s'y reprendre à de nombreuses reprises pour m'empêcher de me rendormir sans cesse.

Je m'étais réveillée épuisée d'une longue opération, avec cet énorme bandage autour de mon torse qui dissimulait le début d'une nouvelle vie. Mais il faudrait encore un peu de patience, j'avais été prévenue. Six mois sans faire de sport, sans conduire, et plusieurs semaines sans lever les bras, me baigner, me pencher, m'habiller seule ou encore dormir sur le côté. Les premières nuits, ma mère me calait entre deux édredons dans le lit pour que je ne me tourne pas dans mon sommeil, et je devais l'appeler lorsque j'avais envie d'aller aux toilettes pour qu'elle m'aide à me redresser. Elle me lavait aussi le dos sous la douche et m'aidait à m'habiller tandis qu'une infirmière venait deux fois par semaine refaire mon pansement.

Je m'étais d'abord dit que cette période de repos forcé m'obligerait à renoncer à mes vomissements, mais après quelques jours, j'avais rapidement trouvé la technique. Puisque je ne pouvais pas me pencher vers l'avant ni faire travailler les muscles de ma poitrine, je vomissais par toutes petites quantités, debout, dans des feuilles de Sopalin que je jetais ensuite dans les toilettes. C'est étrange, je me souviens que j'arrivais à me convaincre que je ne vomissais plus, simplement parce qu'il y avait un intermédiaire entre mon vomi et la cuvette des W.C...

On est toujours très fort pour se raconter les histoires qui nous arrangent.

Six mois plus tard, ma nouvelle poitrine a terminé de désenfler et repris une forme naturelle, je peux enfin en apprécier le résultat. Du beau travail, c'est certain. Une taille et une forme parfaites, des cicatrices encore un peu visibles mais qui s'estomperont rapidement, et la satisfaction de pouvoir enfin m'offrir de jolis soutiens-gorge et des maillots de bain triangle au lieu de ces parures vieillottes et affreuses que je n'avais d'autre choix que d'acheter dans des boutiques spécialisées pour grandes tailles. Oui, j'ai la sensation de revivre un peu depuis cette opération. De reprendre forme. Il m'arrive même de me trouver jolie. Mais ça ne suffit pas, évidemment.

Ce sont des kilos de graisse que l'on m'a retirés du corps, pas mon vide.

13.

« On ne perd jamais ceux que l'on aime, on ne fait que se séparer ; mais ils sont en nous. »
François Garnier

Je ne crois pas au hasard. Je n'y ai jamais cru.

Tout arrive pour une bonne raison, même si elle met parfois un peu de temps à nous apparaître. Les choix que nous faisons, les routes que nous prenons, les gens vers lesquels nous choisissons d'aller et ceux que nous préférons fuir, les amitiés qui naissent, les amours qui s'évaporent… Autant d'aventures à vivre, d'énigmes à décoder, d'apprentissages à faire. Je sais tout ça, et j'ai envie de croire en ces jolies formules à travers lesquelles je me présente au monde, mais je n'arrive pas à trouver la bonne fréquence, à trouver la vie aussi belle que je le crois, à l'aimer comme j'en ai l'air. Je me dis parfois qu'à force de le répéter, ça viendra, que je finirai par ressentir le même plaisir sincère à être avec moi que celui que je ressens à être avec les autres, que je finirai par croire vraiment que la vie est belle, que je ressemblerai enfin à celle que tout le monde voit en moi, à celle que je veux devenir. À celle qui s'esquisse parfois, durant mes périodes d'euphorie…

Mais si c'est notre regard qui donne leur couleur aux choses, au fond de moi, c'est en gris que je préfère les voir. Rose, gris, ce n'est qu'une affaire de goût après tout. Mais il n'est pas triste, mon gris. Il est doux, mélancolique, enveloppant, comme la pluie. Cette pluie que j'aime écouter, sentir et voir s'imposer délicatement ou brutalement, finement ou lourdement, furtivement ou plus durablement pour donner vie à tous mes sens, pour transformer mes larmes en poésie. Non, la pluie n'est pas triste. Pas plus que mon gris.

Alors que le soleil, lui, se pose en silence, de préférence dans un ciel bleu uni et monotone. Il ne se mêle pas à nous. Statique et silencieux, il préfère regarder de haut tous ceux qui passent leur temps à l'attendre et à l'espérer.

Bien sûr, j'aime la caresse pénétrante de ses rayons, la chaleur qu'il diffuse généreusement et qui réchauffe nos corps frissonnants d'un hiver encore trop présent… J'aime fermer les yeux, aveuglée par sa lumière qui me transperce, comme pour tenter de balayer mon gris de fond... Mais il ne m'inspire rien.

Moi, ce que je préfère dans le soleil, c'est l'ombre.

Alors que la pluie et moi sommes en accord. Une harmonie parfaite et délicieuse sur fond gris. Sans doute parce que, sur ma vie, il pleut à verse...

Mais quand l'horizon se perd dans un épais brouillard, quand le jour et la nuit en viennent à se confondre, quand chaque journée devient une épreuve et que même le sommeil n'est plus un refuge, à quel avenir rêver ?

Je me doutais bien qu'elle demanderait du courage aussi, la vie, mais j'aurais préféré ne pas le découvrir si tôt. J'aurais voulu des éclats de rire sans fin avant ces éclats de verre qui lacèrent la chair à l'intérieur, à l'abri des regards.

J'ai connu la solitude, la douleur, le désespoir, le manque, la perte, les hôpitaux, les lendemains qui déchantent. J'ai pleuré à m'en user les yeux. J'ai souhaité ne jamais me réveiller, j'ai même failli aider la vie pour ça.

Pourtant, je n'ai que 19 ans. La vie exagère un peu je trouve, non ?

Tu ne trouves pas, toi ? Toi, ce frère absent depuis trois ans maintenant... Toi, ce manque terrible à ma vie... Toi, dont j'ai rêvé chaque nuit pendant plus d'un an et que je n'ai cessé d'espérer depuis cet anniversaire, celui de mes 16 ans, où je t'ai vu pour la dernière fois avant que tu ne décides de prendre le large, de tourner le dos à ta famille, moi y compris. Tu as sûrement tes raisons, même si à mes yeux aucune ne saurait être bonne.

Je ne parle de toi que maintenant pour ne pas rendre ton absence trop présente.

Je me demande ce que tu fais pendant que j'apprends à vivre sans toi. Je me demande si tu as encore le même sourire que sur cette photo que j'ai laissée posée contre la tranche de mes livres préférés, pour ne pas trop t'oublier quand même. Je la retourne parfois, quand je suis en colère. Pas contre toi non, contre moi, de t'aimer encore si fort.

Pour quoi faire tout cet amour, hein ? Tu peux me dire ? Non, évidemment, tu ne peux pas, car tu ne t'es pas encombré de ça, toi.

Tu as raté tellement de moments que nous aurions dû partager, tellement de moments importants de ma vie, de la tienne aussi sûrement.

Jusqu'aux mots d'amour restés sans réponse. Jusqu'à l'ignorance un jour où nos chemins se sont croisés il y a quelques mois, et où tes yeux ont fui les miens sans que je n'aie le temps d'y déceler la moindre parcelle d'émotion. Jusqu'au deuil qu'il m'a bien fallu faire, péniblement, et en restant assez forte pour que notre mère ne s'effondre pas, encore.

Sur deux grands frères, il m'en reste un, que j'aime deux fois plus du coup. Je me dis que c'est une bonne moyenne finalement, ça aurait pu être pire. Ça peut toujours être pire, c'est bien de ne pas l'oublier.

Lui et moi partageons tout: les rires, les peines, les confidences, les balades en vélo, les parties de jeux vidéo, les tartines moitié chocolat moitié confiture pour le goûter, et ces après-midi passées sur le pont de l'autoroute à faire coucou aux voitures et aux camions. Ah, ça, ça a toujours été notre jeu préféré ! Certains automobilistes nous répondent par des signes de la main, parfois des appels de phares ou même de longs coups de klaxon, et ça nous fait rire aux éclats, ça nous fait sauter de joie ! C'est grâce à ces petits moments-là que je sais que la vie est belle, au fond.

Il prend soin de moi depuis toujours, me protège, il est mon grand frère dont j'ai toujours été tellement fière, surtout quand il venait m'attendre à la sortie du collège, que je montais derrière lui sur son vélo pour rentrer à la maison et que ça rendait toutes mes copines de classe jalouses ! Il est un grand frère parfait.

Mais tu me manques. Quand même.

Tu me manques et j'ai voulu que tu le saches parce que j'avais pas demandé à avoir ce poids-là sur le cœur. J'en ai déjà assez je crois. Alors un jour, j'ai jeté l'encre, pour ne pas chavirer complètement.

Cher frère,

L'année qui vient de s'écouler a été la plus belle de ma vie, où en tout cas de mes 18 premières années. Paradoxalement, c'est la première année où nous n'avons absolument rien partagé ensemble. Le hasard sans doute, même si je n'y ai jamais trop cru…

J'ai voulu t'écrire, souvent. Je ne l'ai pas fait avant aujourd'hui car j'étais dominée soit par la colère, soit par la tristesse ou l'incompréhension. J'ai dépassé ces sentiments, avec beaucoup de mal je te l'avoue. J'ai pris du recul, du moins j'ai essayé. Cependant, je ne comprends toujours pas ce qui s'est passé. Sans doute parce qu'il ne s'est rien passé, au fond…

Alors pourquoi ce silence ?

J'ai essayé de te joindre souvent, mais rien. Que s'est-il passé de si grave pour en arriver à ne plus se parler pendant plus d'un an ? Je me pose souvent la question. Je te la pose aujourd'hui, car si je n'ai pas la réponse, c'est sans doute qu'elle t'appartient.

Je souffre de ton absence. Quel gâchis… Que de temps que nous ne pourrons jamais rattraper… La vie est courte, trop courte pour les disputes, la souffrance ou les regrets.

C'est pas facile d'avancer sans toi, mais je fais de mon mieux je crois. Les premiers mois, j'ai beaucoup pleuré, j'ai fait des rêves dans lesquels on se disputait parfois, avant de se réconcilier toujours…

J'ai passé de mauvaises journées, des nuits blanches, j'ai raté des devoirs parce que j'avais l'esprit ailleurs.

Si je t'écris, ce n'est pas pour te faire un procès, ni pour te supplier de revenir. C'est simplement pour me libérer de ce poids que j'ai sur le cœur et briser ce silence insupportable.

Je vis avec l'angoisse de te croiser un jour dans la rue et de ne pas savoir quoi faire. L'angoisse d'être ignorée par mon propre frère.

Et puis, il y a toutes ces occasions qui se chargent régulièrement de me rappeler ton absence, au cas où elle m'échappe : nos anniversaires, Noël…

Sommes-nous vraiment obligés de nous infliger ça ?

Cette année, j'ai vécu des choses formidables, des moments-clés de ma vie. Je t'en veux de n'avoir pas été là pour que nous les partagions, je t'en veux de les avoir ratés. J'aimerais te parler de mes passions, de mes projets, de mes amis…

Mais ce qui est fait est fait, peu importe de savoir pourquoi ou à cause de qui. Je n'ai pas envie de vivre en regardant sans cesse en arrière. Ce n'est pas comme ça qu'on avance. Je n'ai simplement pas envie de continuer à vivre avec ce vide en moi.

Alors je veux nous laisser une chance, je veux te dire que je suis prête à te revoir et à t'écouter, sans te juger, si tu as envie que nous retrouvions ce lien qui nous unissait et que je voulais croire fort.

Le lundi 31 mai, je fêterai mes 18 ans avec les gens que j'aime. Mon plus beau cadeau serait que tu viennes, car tu es bien évidemment invité…

Tu te souviens, un jour alors que tu vivais loin, tu m'avais envoyé une carte pour mon anniversaire, avec un petit poème pour t'excuser du retard ? Un poème qui disait :

« Mieux vaut tard que jamais
J'espère que je suis pardonné
Reçois milles de mes baisers
En ce jour particulier
Du 31 mai. »

Ce jour-là, je t'avais immédiatement pardonné ! Mais ce poème n'a jamais eu autant de sens qu'aujourd'hui.

Le lundi 31 mai, je t'attendrai…
Tu me manques.

Ta petite sœur qui t'aime.

Il n'est jamais venu.

14.

« On pleure parfois les illusions avec autant de tristesse que les morts. »
Maupassant

Il est 18 h. La journée est enfin terminée. Une de plus en trop. Journée faite d'efforts, pour sourire, pour rester concentrée, pour garder les yeux ouverts, pour tenir debout, pour vivre. C'est l'heure d'évacuer la pression, de se vider l'esprit, de se défouler, de se réconforter un peu. Ça pourrait être l'heure du footing, du cours de musique, du verre entre amis…

Mais pas pour moi.

Non, pour moi, c'est l'heure de la tournée des supermarchés et des boulangeries pour y acheter mes produits préférés.

Ceux que je vais vomir.

Je sens l'adrénaline qui monte. Je me vois déjà en train de déguster ces viennoiseries que j'adore, pas une ou deux non, plutôt quatre ou cinq ; de tartiner de belles tranches de brioche dorée d'une généreuse couche de beurre superposée d'une couche de pâte à tartiner, jusqu'à ce que le paquet soit vide ; je sens déjà le goût du fromage que j'aurai mélangé aux pâtes – au paquet entier de pâtes, je veux dire – que j'engloutirai, de la pizza qui viendra croustiller contre mon palais et que je ne partagerai avec personne… À ce moment précis, j'oublie complètement que je ne dégusterai rien et que la sensation de plaisir disparaîtra quelques secondes à peine après le début de l'orgie. Je suis déjà en dehors de la réalité, absente à moi-même.

Une heure plus tard et le coffre de ma voiture rempli, je rentre enfin. Je traverse le long couloir tapissé de moquette qui mène à mon appartement avec la sensation que chaque pas me rapproche de la délivrance, je tourne la clé dans la serrure, je referme la porte derrière moi en veillant bien à tourner le verrou, et j'entre alors dans un état de transe.

Je déballe mes courses et j'étale devant moi tout ce que j'ai acheté. Tout ce qu'il me faudra avaler. Car il est hors de question de garder quoi que ce soit, même si la crise suivante ne sera pas éloignée de plus de quelques heures. Il me faut aller au bout de chaque crise, avaler absolument tout ce que j'ai acheté même si j'en arrive au dégoût, *finir mon assiette avant de sortir de table* et recommencer le rituel depuis le début pour la suivante.

Pâtes, fromage, pizza, saucisses, sandwichs, plats préparés, pain, brioche, plaquette de beurre, confiture, lait, viennoiseries, pâtisseries, paquets de gâteaux, charcuterie, yaourts, glaces... Les quantités sont énormes.

De tout ça, il ne restera rien.

Rien d'autre que des emballages vides, de la vaisselle sale empilée dans l'évier, des miettes sur la moquette et mon corps vidé de la moindre particule d'énergie.

J'allume le four pour y glisser la pizza, je fais chauffer une casserole d'eau pour les pâtes, je mets un bol de lait au micro-ondes. Pendant que tout ça chauffe, je tartine d'une épaisse couche de beurre deux tranches de brioche entre lesquelles je glisse deux saucisses à peine tiédies pour que le beurre ne fonde pas trop. Je jette ensuite mon dévolu sur un sandwich industriel au pain viennois, puis je mange des tranches de pâté en croûte, puis un millefeuille, puis je vide le sachet de gruyère râpé dans les pâtes, puis...

Quelques heures et plusieurs vomissements plus tard, la crise est finie.

Ma mâchoire me fait si mal d'avoir tant mastiqué que je ne peux plus rien mâcher. C'est à peine si je peux ouvrir la bouche. D'ailleurs, mon visage est déformé par cet excès de mastication. Parfois, il arrive aussi que ma langue me brûle à tel point que je ne peux plus rien manger pendant plusieurs heures voire une journée complète. Les papilles sont enflées, à vif.

Mon regard flotte dans le vide, comme tout le reste de mon corps.

J'ai terriblement honte de ce qui vient de se passer, je me sens faible et impuissante. Je suis une petite fille seule face au monde immense et menaçant.

Je viens de gaspiller 50 euros et trois heures de mon temps pour rien, pour du vide. Un vide dont je ne peux plus me passer, mais que je cherche pourtant à remplir sans cesse. Je me mets alors en sous-vêtements et je vais me peser pour observer l'étendue des dégâts. Si le chiffre ne me plaît pas, j'enlève mes sous-vêtements et je me pèse à nouveau. Je recommence après avoir vidé ma vessie, même si ce n'est que de quelques gouttes, puis encore une fois après avoir pris une douche. Tout ça me permet de gagner 200 g, 300 g tout au plus, mais c'est un petit soulagement quand même.

Quand je retournerai à la fac, demain si j'en ai la force, je sourirai et je dirai que tout va bien, comme d'habitude. Je finirai les assiettes des autres après la mienne à la cantine avant d'aller les vomir parce que je ne supporte pas le gaspillage, puis je lutterai tout le reste de la journée contre la fatigue pour maintenir au minimum mon niveau de concentration.

Et, comme d'habitude, personne ne se doutera de rien.

Je suis devenue experte dans l'art de faire semblant. Des années que je m'exerce à temps plein il faut dire. Personne n'a envie d'entendre parler de la souffrance des autres de toute façon, et puis j'ai pris l'habitude de profiter de la présence du monde pour oublier tout ce qui va mal.

Pour oublier que tout va mal. Que le passé me rattrape sans cesse et que le présent m'échappe.

Que diraient-ils tous, d'ailleurs, s'ils savaient ? Que penseraient-ils s'ils voyaient à quel point j'ai échoué ? S'ils découvraient que je ne suis pas celle qu'ils pensent, celle qu'ils admirent, celle que je m'efforce de paraître à leurs yeux ? Se sentiraient-ils un peu responsables de m'avoir toujours mise sur un piédestal ? S'en voudraient-ils d'avoir été à ce point aveugles ? D'avoir fait naître en moi cette absolue nécessité d'être la meilleure en tout sinon rien ? Ce sentiment si douloureux de ne pas avoir ma place dans ce monde ?

Eh bien, voilà : surprise ! Je ne suis plus la meilleure en rien ! Je ne suis plus qu'une enveloppe vide, sans forces, sans rêves, sans envies, sans intérêt. Alors, pas trop déçus ?

Ce *ils*, ce n'est pas pour mes parents, non. Enfin, pas que, quoi que puisse en dire ma psy. *Ils,* c'est bien plus large que ça.

J'ai dépensé l'énergie de toute une vie dans cette quête d'excellence qui a débuté bien avant que je ne sois en âge de le comprendre.

Enroulée dans une grosse couverture sur le canapé, les jambes repliées contre moi, je regarde une émission de télé-réalité dans laquelle de jeunes adultes sont enfermés dans une villa, sans but, sans rien d'intéressant à faire, sans talent particulier. Leur seule mission, c'est de vivre ensemble sans trop s'entretuer les uns les autres, déconnectés de la réalité. Enfin, de la nôtre, car eux finissent par créer la leur de réalité, un peu comme moi avec mon gris.

Je les regarde se mettre à nu devant des spectateurs qui passeront leur temps à les juger sans les connaître, je les écoute massacrer la langue française, la culture, les valeurs avec lesquelles ils étaient parfois entrés, et je leur envie un peu leur naïveté, leur insolence, leur banalité. Surtout que, malgré tout ça, c'est à eux que l'on s'intéresse. Pas à moi.

Moi, je n'intéresse personne.

Certaines des filles sont anorexiques, c'est plus qu'évident. Il n'y a qu'à voir comment elles picorent au lieu de manger, comment elles se scrutent sans cesse dans tous les miroirs, comme pour vérifier que le verre d'eau qu'elles viennent de boire n'a pas modifié leur silhouette, ce corps où aucun espace ne semble avoir été prévu pour accueillir de la nourriture… Je le sais, je fais pareil. Chaque fois que j'ingère quelque chose, je m'assure que mon ventre est toujours plat, que ce que je viens de manger ne l'a pas fait gonfler. Certaines, à l'inverse, sont tout le temps en train de grignoter et sont pourtant d'une maigreur à faire peur. Elle va bien quelque part toute cette bouffe, c'est obligé. Moi, je sais où.

J'aurais pu penser que vivre ces troubles de l'intérieur m'aurait rendue plus compréhensive, plus tolérante, ou au moins empathique envers celles et ceux qui sont pris dans les mêmes pièges. Mais c'est tout le contraire. Ils me dégoûtent, me mettent en colère. Je hais les anorexiques pour ce contrôle total qu'ils sont capables d'avoir sur la nourriture tandis que ma seule obsession à moi est d'avaler tout ce qui se présente. Je hais l'image de moi qu'ils me renvoient.

Elle avait bien commencé mon histoire, pourtant…

Petite fille douée à l'école, douée pour le piano, douée pour l'écriture, « plus mature que son âge », on a très tôt commencé à me prédire un avenir extraordinaire auquel je me suis mise à rêver inlassablement, à la place du prince charmant. Mon chemin était tracé. Où que j'aille, je ne passerais jamais inaperçue, je ne ferais jamais partie du lot, je serais bien au-dessus, je brillerais et je me nourrirais de reconnaissance jusqu'à l'ivresse.

C'est d'ailleurs à ça qu'ont ressemblé mes années de lycée après mon hospitalisation. Il n'a pas été question d'amis, de sorties ni de petits copains, car ça n'a que très peu – voire pas – fait partie de mon quotidien. Les garçons ne m'ont jamais regardée autrement que comme une bonne copine de toute façon. Enfin, quand ils me regardaient. Il m'est arrivé une fois de déclarer mes sentiments à travers un poème, car je n'ai jamais mieux su m'exprimer qu'en écrivant. J'avais glissé ma prose sur le bureau d'Ali, un garçon timide et très discret à qui je n'avais jamais osé adresser la parole alors que nous étions dans la même classe. Il était doux et gentil, il me souriait parfois, mais ça ne l'avait pas empêché de faire lire mon poème à ses copains à la récré. Je l'avais compris en sentant leurs regards posés sur moi pour la première fois et en percevant les chuchotements vaguement dissimulés derrière des rires et des coups d'œil moqueurs. Alors je m'étais remise à apprendre par cœur mes cours d'histoire et à rédiger des dizaines de pages pour mes copies de philo qui auraient comme toujours les meilleures notes de la classe.

C'est à ça que se sont résumées mes années de lycée. Aux félicitations du conseil de classe pour lesquelles je travaillais sans cesse de manière acharnée… et que j'obtenais évidemment à chaque trimestre, aux compliments qui pleuvaient sur mes copies, à mes notes qui volaient bien au-dessus de celles des autres, et à ma colère chaque fois que ce n'était pas le cas et que je me sentais alors nulle et incapable. Le pire a sans doute été la découverte des résultats du baccalauréat et de cette minable mention *Assez bien*, inscrite à côté de mon nom… Là où la plupart de mes camarades se réjouissaient d'avoir simplement réussi leur examen, moi, derrière une joie simulée pour éviter les remarques désagréables, je ruminais cette mention comme un échec. Ce n'était pas la mention que je visais, pas celle que je méritais, pas celle à laquelle tout le monde s'attendait, pas la meilleure. Mais bon, finalement, c'était bien *quand même* m'avait-on dit…

Comme mon permis, que j'ai raté deux fois alors que l'on me désignait comme la meilleure élève de l'auto-école et que l'on m'avait fait économiser un paquet d'heures de conduite.

M'aurait-on menti ? Et si je ne valais finalement pas mieux que les autres ? On ne m'avait pas préparée à ça. Alors, sans doute pour m'éviter d'autres échecs, j'ai refusé d'entrer en classe prépa malgré l'insistance de mes professeurs et leurs « ce serait du gâchis d'aller à la fac avec de telles capacités ! » qu'ils fredonnaient en chœur.

Et puis j'ai refusé d'entrer au Conservatoire de musique vers lequel me poussaient mes professeurs de piano qui estimaient n'avoir plus rien à m'apprendre tellement j'étais douée.

La bouffe, personne ne l'avait prévue au programme, et c'est pourtant elle qui a fini par prendre toute la place.

Peut-être que je n'avais pas vraiment envie d'être à la hauteur de tout ça finalement. Peut-être que c'était simplement trop haut pour moi.

Le résultat, c'est que je ne suis pas une grande pianiste, que je ne suis plus la meilleure de ma classe, qu'aucun garçon ne m'écrit de lettre d'amour, et que je ne sais pas comment exister sans être la meilleure.

Non, en fait c'est bien pire que ça. Je ne veux pas exister si je ne suis pas la meilleure.

15.

« Il faut garder quelques sourires
pour se moquer des jours sans joie. »
Charles Trenet

Aux yeux de ma mère, au moins, c'est ce que je suis : la meilleure. En tout je crois. C'est peut-être un peu pour ça aussi que nous avons toujours été si proches. Je sais bien qu'elle m'idéalise et qu'elle se voile un peu la face, c'est une maman après tout, mais d'une certaine manière, elle me renvoie de moi l'image de celle que j'aimerais être vraiment. Je me bats sans cesse pour correspondre à ce reflet, et je vomis de ne pas y parvenir…

Ça n'a pas été facile de m'éloigner d'elle, mais je crois que nous en avions besoin, autant elle que moi. La toute première fois où nous nous sommes séparées, j'étais en CM1, et j'en garde un douloureux souvenir. J'étais partie en classe de neige pendant 15 jours. J'avais été la seule à vivre cet éloignement comme une punition, la seule à ne pas avoir eu envie de jouer et chanter avec mes camarades dans le bus, la seule à recevoir tous les jours une carte postale ou une lettre de ma mère, la seule à pleurer tous les soirs dans mon lit parce qu'elle me manquait, en serrant fort ma *poupée maman* tout contre moi. Une toute petite poupée qu'elle m'avait cousue et qui lui ressemblait, pour qu'elle soit toujours auprès de moi.

Mal de mère, le cœur tangue.

Quelques années plus tard, je refusais souvent des invitations de mes copines à dormir chez elles car je ressentais un vrai malaise à l'idée de m'éloigner de ma mère. J'inventais des excuses pour justifier de devoir partir en fin de journée. Et puis, jusqu'à mes 15 ans environ, chaque fois que je ne me sentais pas bien, mon père acceptait que ma mère et moi dormions ensemble. Il le proposait lui-même parfois, lorsqu'il voyait que l'une de nous deux avait besoin de réconfort. Sa présence me rassurait et, comme deux copines, nous passions des heures à papoter avant de nous endormir. C'était devenu notre rituel. Ensemble, nous avions créé un cocon, un refuge, un peu comme si j'étais toujours dans son ventre.

Et puis mon hospitalisation et ma thérapie m'avaient permis de comprendre – avant d'accepter –

le fait que je n'étais pas responsable de ma mère, que ce n'était pas à moi de faire son bonheur ni de la protéger contre les dangers du monde. Comprendre aussi que si cette relation fusionnelle empêchait mes parents d'exister en tant que couple, elle bloquait également mon évolution et mon épanouissement.

Il m'a fallu comprendre que je devais apprendre à exister sans elle.

Ça a pris du temps.

Ma mère et moi devions redevenir autonomes, pour notre bien à toutes les deux, et pour celui de mon père aussi, que nous avions inconsciemment tenu à l'écart pendant tout ce temps et qui avait tenté d'exister comme il le pouvait. M'éloigner ne voulait pas dire l'abandonner, j'avais essayé de m'en convaincre.

Entre-temps, elle était devenue plus forte, plus solide, ça m'empêchait de trop culpabiliser.

Aujourd'hui, ma mère va mieux, mon père s'est adouci, mes parents ont retrouvé leur couple et c'est à moi de me construire. Sacré chantier. La distance nous a aidées à reprendre chacune notre place et à nous aimer mieux.

C'est fou comme, parfois, la distance rapproche.

Notre lien est toujours aussi fort, mais aujourd'hui, il est sain. Aujourd'hui, j'ai enfin cessé de dire que sans ma mère, ma vie n'a aucun sens, même si elle reste ma confidente et mon premier soutien. Même si je continue à aimer qu'elle m'apporte mon lait chaud au miel le soir, avant que je m'endorme, quand je suis chez eux et toujours un peu chez moi.

D'ailleurs, je lui écris de longs mails plusieurs fois par semaine, pour lui raconter ce que je fais, comment je me sens, pour lui parler de celle que j'invente être en attendant de le devenir vraiment.

Elle me répond toujours, par de longs mails aussi. Elle me raconte un peu ses états d'âme, mais elle fait désormais attention à y ajouter des notes positives pour que je ne m'inquiète pas trop pour elle. Elle me dit à quel point elle est fière de moi et me répète qu'elle sera toujours là pour moi, quoi qu'il arrive. Je n'en ai jamais douté.

Mais je ne lui parle pas de la bouffe, je n'en ai pas la force. Je veux préserver le peu de choses qui ne tournent pas uniquement autour de ça.

Même à ma nouvelle psy, chaque mercredi de 14 h à 14 h 30 – pas une minute de plus – je mens. Enfin… disons que je mens par omission. Je lui raconte mes émotions, mes doutes, mes inquiétudes, mais la bouffe est un sujet que nous n'abordons jamais.

En même temps, ce n'est pas bien compliqué de fuir le présent avec les psy. Ils sont tellement occupés à tout ramener à notre enfance et à la relation avec notre mère que le reste leur échappe.

Et le reste, c'est justement ça mon problème, mon enfer quotidien.

Je mange et je vomis n'importe où, n'importe quand.

Rien ne m'arrête.

Du réveil au coucher, après les repas, entre les cours, à la maison, au restaurant, chez des amis, au cinéma, à l'école, au travail, dans des hôtels, sur des aires d'autoroute, dans la voiture, le train, l'avion, dans des sacs plastique, des boîtes, des poubelles, en France, en Espagne, en Suisse, en Tunisie, au Maroc, en Italie, aux États-Unis, en Allemagne…

L'une des anecdotes dont j'ai le plus honte remonte à il y a un an environ. L'été de mes 18 ans. Quinze jours de vacances à San Francisco avec une amie, hébergées par des membres de sa famille.

Premier voyage à l'autre bout du monde, aux États-Unis en plus, forcément, j'en ai pris plein les yeux. Fisherman's Wharf, son Pier 39 et son French Cappuccino Vanilla, Lombard Street, la rue la plus tortueuse du monde, Sausalito et ses charmantes maisons flottantes, le mythique Golden Gate Bridge et sa structure majestueuse, les malls gigantesques, les school bus jaunes et les autoroutes à deux fois six voies, les supermarchés où tous les produits alimentaires sont conditionnés en gros et où les paquets de céréales ressemblent à des sacs de charbon, les distributeurs de journaux en vélo et les voitures de sport étincelantes garées toujours devant les garages, les pelouses impeccablement tondues dans les quartiers résidentiels… Rien de ce que j'ai pu voir durant ce séjour ne ressemblait à ce que je connaissais. Mes yeux émerveillés ne savaient plus où se poser.

En revanche, impossible de faire des courses et de stocker des aliments. Alors je faisais mes crises le matin très tôt, quand tout le monde dormait encore.

Je me levais sans faire de bruit, je m'enfermais dans la cuisine, et je prenais de petites quantités d'un peu de tout ce que je trouvais, pour que ça ne se voit pas trop.

Puis je vomissais et je retournais me coucher en attendant l'heure du petit-déjeuner. Au bout de quelques jours, la situation s'est compliquée quand la baignoire s'est retrouvée bouchée, avec de drôles de remontées en provenance des toilettes… Je me suis sentie terriblement honteuse car je savais quelle en était la cause, mais je n'ai évidemment rien dit.

Pendant le reste du séjour, je n'ai rien changé de mon rituel du matin, sauf qu'au lieu de vomir dans les toilettes, je le faisais au beau milieu de la cuisine, dans des sacs plastique que je prenais soin de bien refermer et de dissimuler ensuite au fond de la grande poubelle qui se trouvait dans le garage.

J'aurais très bien pu me faire surprendre. Qu'importe. Je n'avais pas d'autre choix.

Je n'avais encore jamais surpassé ce souvenir en terme de répugnance, jusqu'à il y a quelques semaines.

Je devais aller passer le week-end chez mes parents, à une heure trente de voiture de mon appartement. Comme à chaque fois avant un long trajet, j'avais commencé par aller acheter un stock de nourriture.

C'est un rituel qui se déroule toujours de cette manière : sandwichs, gâteaux, pâtisseries et autres barres chocolatées bien installés sur le siège passager, je prends la route et je grignote tout au long du chemin en écoutant ma playlist de chansons préférées. Je me précipite pour tout vomir une fois arrivée à destination ou, si le voyage est trop long et que mon estomac est trop gonflé pour pouvoir supporter quoi que ce soit de plus, je m'arrête pour le vider en cours de route, un peu comme on vidangerait son camping-car, sauf qu'il n'y a pas d'aires dédiées à ça. Et il n'y a pas toujours de toilettes accessibles non plus, alors je me contente parfois d'un petit espace en bord de route ou d'un parking en ville. Je vomis dans un sac en plastique, sans même prendre la peine de sortir de la voiture, puis je vais jeter le sac dans une poubelle.

Je reprends ensuite la route, le ventre vide, le cœur palpitant, le regard dans le vague, dans un état qui me prive clairement de mes capacités d'attention et de mes réflexes. La plupart du temps, je ne regarde plus vraiment la route, je la vois seulement, et il m'arrive de devoir lutter pour empêcher mes yeux de se fermer.

Mais ce jour-là, les choses ne se sont pas vraiment passées comme prévu.

C'était un dimanche soir, je me remplissais l'estomac depuis déjà un petit moment et j'avais prévu de m'arrêter sur la prochaine aire de repos pour me débarrasser de ce trop-plein. Mais, sans que je n'aie pu l'anticiper, je me suis retrouvée bloquée en pleine autoroute, dans des bouchons causés par un accident. J'étais à l'arrêt, prisonnière, encerclée de conducteurs qui attendaient comme moi que la circulation reprenne, sauf qu'eux n'avaient pas l'estomac sur le point d'exploser. Eux n'avaient pas ce besoin impératif et urgent de vomir.

Les minutes passèrent, longues, interminables, douloureuses. Les minutes les plus longues de toute mon existence, je crois.

Dans le rétroviseur, je pouvais voir le visage du conducteur qui me précédait. Sur ma droite, un autre. Idem devant. Certains étaient sortis de leur voiture pour tenter de voir ce qu'il se passait. N'importe qui pouvait me voir. Peut-être m'a-t-on vue, d'ailleurs, prendre ce sac plastique, me baisser le plus possible vers le tapis de sol du côté passager et y vider tout le contenu de mon estomac.

Envolés l'amour-propre et le respect de soi ; qu'importent le danger, la douleur, l'humiliation…

J'étais vide, enfin.

Et c'était absolument tout ce qui comptait en cet instant.

Mais le pire restait à venir.

Le pire s'est produit une heure plus tard, alors que j'avais repris la route et que le sac contenant mon vomi s'est renversé…

Le pire a été de voir mon propre vomi se répandre sur le sol de ma voiture et de devoir parcourir les 60 kilomètres restants en priant pour que personne ne m'arrête. Le pire a été de devoir me garer le plus loin possible au fond du parking de ma résidence, et de devoir nettoyer mon vomi avec un seau et une éponge pendant plus d'une heure.

Oui, j'ai fait 60 kilomètres avec mon vomi étalé à côté de moi.

Non, il n'existe aucun mot pour rendre cette réalité plus acceptable, moins dégradante.

C'est ça la réalité de la boulimie et de l'anorexie. C'est vivre dans son propre vomi tout le temps, c'est en avoir parfois sur les mains, c'est se noyer dans des larmes de honte et de dégoût, c'est risquer sa vie à chaque instant, parfois même celle des autres, c'est en avoir conscience mais se sentir incapable de réagir.

C'est être profondément seule.

Tout le reste n'est qu'illusions.

Il est bien loin ce contrôle que je pensais avoir enfin obtenu sur mon corps, sur la nourriture, sur ma vie…

La réalité, c'est que je ne m'appartiens plus et que j'en souffre à en crever.

16.

« On a deux vies, et la deuxième commence quand
on se rend compte qu'on n'en n'a qu'une. »
Confucius

Et puis, il y a la fameuse goutte d'eau. Le moment où c'en est trop.

C'est arrivé un soir où je ne m'y attendais pas. J'avais décidé de me rendre à un spectacle dont j'avais entendu parler, organisé par une association, Sourire à la vie, qui accompagne des enfants atteints de cancers et leurs familles à travers ce combat.

Je ne savais pas grand-chose de cette association ; j'avais découvert en faisant quelques recherches sur Internet que les enfants qu'elle accompagnait en étaient à des stades variés de la maladie. Pour certains, le traitement était en cours, tandis que d'autres avançaient timidement sur le chemin caillouteux de la rémission. Et il y avait ceux pour qui les jours étaient comptés, des jours sans espoir.

Ce spectacle avait pour vocation de sensibiliser les gens évidemment, mais aussi de mettre ces enfants à l'honneur à travers des numéros de danse, de chant et autres prouesses artistiques auxquelles ils avaient travaillé toute l'année.

C'était la première fois que je me rendais à un spectacle seule, et j'espérais que la soirée n'allait pas me paraître trop longue. J'avais failli y renoncer à la dernière minute, puis je m'étais convaincue qu'une soirée à faire autre chose que manger et vomir ne pourrait me faire que le plus grand bien...

J'étais arrivée en avance, mais la salle était déjà remplie. Étant seule, je n'avais toutefois eu aucun mal à me trouver un siège parmi les premiers rangs.

J'observais les couples qui étaient venus ensemble et qui se cramponnaient l'un à l'autre comme s'ils avaient peur que l'un d'eux s'échappe, alors que ça se voyait tout de suite dans leurs yeux que rien ni personne ne pourrait faire de l'ombre à leur amour... Je les regardais avec envie, avec tristesse. Le bonheur des autres, c'est un faux-ami quand on n'est pas heureux soi-même.

J'aurais voulu moi aussi avoir quelqu'un à serrer très fort en me disant que tant que je ne le lâcherais pas, il ne pourrait rien m'arriver. Mais la seule chose qui me serrait fort le cœur en cet instant, c'était mon chagrin.

Heureusement, la lumière s'était rapidement éteinte sur mes états d'âme et le spectacle avait commencé.

Sur scène, des enfants. 5-6 ans peut-être pour certains, jusqu'à 15 ou 16 ans pour d'autres. Peut-être plus, peut-être moins.

Des enfants, et puis le cancer. Le cancer qui avait privé plusieurs de ces petits visages de leurs cheveux, mais certainement pas de leur joie de vivre, et ça, c'était incroyable à voir !

Sur scène, très rapidement, il n'y avait plus vraiment eu d'enfants ni de cancer, il n'y avait plus rien eu d'autre que des sourires, des éclats de rire, de l'insouciance, de la joie, de la vie ! Comment était-ce possible…

Ma gorge s'était serrée un peu plus lorsque tous s'étaient mis à chanter en chœur un texte sur les absents, tandis que derrière eux étaient projetées des photos de celles et ceux qui ne seraient jamais plus à leurs côtés…

Dans la salle que l'émotion avait rendue parfaitement silencieuse, on pouvait entendre quelques reniflements étouffés qui laisseraient bientôt la place aux bruits des paquets de mouchoirs qu'on se partage et que l'on vide.

J'espérais en avoir un dans mon sac, car je me doutais que ma sensibilité à fleur de peau ne me permettrait pas de résister longtemps…

Et puis il y avait eu quelques autres chansons, des danses, la lecture d'un poème…

Et puis il y avait eu ce petit garçon.

Il devait avoir entre 10 et 12 ans. Qu'importe, il était de toute façon bien trop jeune pour tout ça, pour ces épreuves.

Il avait commencé à danser tout en mimant des situations qui racontaient son parcours. Il s'était ensuite mis à effectuer quelques figures au sol qui justifiaient clairement les marques d'admiration qui s'élevaient de part et d'autre de la salle. Mais personne ne s'attendait à ce qui avait suivi.

Personne ne s'attendait à ce qu'il s'asseye sur la chaise qui était disposée au milieu de la scène, à ce qu'il prenne l'une de ses jambes entre ses mains, et à ce qu'il… l'enlève !

Personne ne s'attendait à ce que ce gamin qui n'avait qu'une seule jambe se mette à danser comme il l'avait fait ensuite, enchaînant des figures de breakdance qu'aucun de nous tous, avec nos deux jambes valides, n'aurait été capable de réaliser…

Je n'avais rien pu faire pour empêcher les larmes de dévaler mes joues alors même que mes yeux ne parvenaient plus à se détacher de ce garçon qui venait de me mettre la plus grosse claque de toute ma vie. Jamais, jamais, je n'oublierai ce que j'ai ressenti à ce moment-là.

La lumière s'était alors rallumée, révélant la salle à tous ces jeunes héros qui avaient entonné à l'unisson une dernière chanson en se regardant les uns les autres et en s'échangeant leurs sourires, tellement fiers de ce qu'ils venaient d'accomplir. Et ils avaient de quoi l'être !

J'étais si proche de la scène que mon regard avait croisé certains des leurs. Je m'étais alors sentie ridicule.

Eux qui étaient malades, qui combattaient chaque jour à mains nues des démons armés, eux qui étaient en sursis dans un monde censé leur appartenir, ne dégageaient rien d'autre que du bonheur, du courage, de l'espoir, et une énergie de vie incroyable. Tandis que moi, moi qui avais deux ou trois fois leur âge, moi qui avais la possibilité de faire des projets, le choix de ce que je voulais faire de ma vie, mes cheveux et mes deux jambes, moi je pleurais à n'en plus finir…

Je m'étais précipitée vers la sortie lorsque les gens avaient commencé à quitter la salle après de longues minutes d'applaudissements. J'avais foncé vers le métro pour rentrer au plus vite, bousculant au passage les amoureux qui avaient momentanément oublié l'existence d'un monde extérieur, trop occupés à se serrer l'un contre l'autre comme pour étouffer le chagrin. Je n'avais fait attention à rien ni à personne, je n'avais même pas pensé à rallumer mon téléphone, j'étais simplement sous le choc de ce que je venais de vivre et qui m'avait retourné le cœur.

À peine la porte de mon appartement refermée derrière moi, mes jambes s'étaient mises à trembler et à fléchir doucement. Je m'étais alors laissée glisser le long du mur dans une vague incontrôlable de sanglots.

Ce soir-là, j'ai pleuré toutes les larmes de mon corps, effondrée au sol.

J'ai pleuré ma honte de manquer à ce point de courage, j'ai pleuré tous ces moments de vie perdus à jamais à bouffer et à vomir, j'ai pleuré l'incroyable gâchis que je faisais de mon existence alors que ces enfants se battaient chaque jour pour espérer avoir la chance de grandir eux aussi...

Je sais bien que les souffrances ne se comparent pas, qu'aucune raison d'être triste n'est moins légitime ou respectable qu'une autre, pourtant j'ai honte. J'ai honte d'avoir tous les ingrédients du bonheur et de ne pas être foutue de réussir la recette !

Il faut que tout ce qu'ont fait ces enfants n'ait pas servi à rien. Il faut que tout ça s'arrête avant que le vide ne finisse par m'engloutir complètement.

C'est en tout cas ce dont j'essaye de me convaincre en fixant le mur blanc de cette chambre d'hôpital.

C'est pour ça qu'ils sont toujours blancs je crois, les murs des hôpitaux. Pour qu'on puisse y projeter nos couleurs, et surtout nos ombres. Un mur blanc, ça ne renvoie rien d'autre que nous et ce qu'on a envie d'y voir. Sur ce mur d'hôpital, c'est mon vide que je vois.

Ma chance, c'est que j'ai choisi d'être là, pour ne pas m'y retrouver un jour dans de plus tristes circonstances.

J'ai fini par me rendre à l'évidence, même si je n'ai pas pris le chemin le plus court. Je ne contrôle plus rien, je ne suis plus qu'une marionnette entre les mains de mes pulsions alimentaires. Je sens que je suis désormais en danger, mon corps m'envoie des signes.

J'ai besoin d'aide.

Je veux sentir moi aussi cette pulsion de vie à nouveau. Alors j'ai pris mon courage à deux mains et j'ai demandé de l'aide pour la seconde fois.

J'ai écrit une lettre à ma mère pour lui avouer mon calvaire quotidien, mon enfer de vie.

Il y a des décisions qui sont faciles à prendre, et puis il y a eu cette décision-là.

Maman,

Tu dois te demander pourquoi je t'écris... En fait, ça fait bien longtemps que j'aurais dû le faire mais je n'ai jamais eu le courage jusque-là. Ce que j'ai à te dire n'est pas facile. Alors voilà, je me lance...

Depuis assez longtemps, je souffre de troubles du comportement alimentaire plutôt importants. C'est difficile de te l'avouer. J'ai honte. Tu ne peux pas savoir à quel point j'ai honte. Honte, peur de te décevoir, peur que tu me trouves faible, peur de l'être...

Si je me décide enfin à t'en parler aujourd'hui, c'est parce que je n'en peux plus de jouer la comédie, de mentir à tout le monde et surtout de te mentir à toi. Ça me rend encore plus malade que la maladie elle-même, je crois.

Je pensais être capable de m'en sortir toute seule et t'en parler après pour que tu sois fière de moi... Mais je n'y arrive pas. Je ne peux pas m'en sortir seule parce que la volonté ne suffit pas. Et c'est surtout ça que j'aimerais que tu comprennes, même si je sais que ce n'est pas facile quand on ne l'a pas vécu. Si je t'en parle, c'est parce que j'ai décidé que ce cauchemar devait s'arrêter et que, pour ça, j'ai besoin de toi, de ton soutien. Ces troubles prennent beaucoup trop de place dans ma vie, toute la place presque, et je sais à quel point c'est dangereux pour ma santé.

Les malaises, les carences, la fatigue... Et je n'ose même pas imaginer l'état dans lequel doivent être cer-

tains de mes organes… J'ai pris conscience que je tiens beaucoup trop à la vie pour prendre autant de risques.

Si je n'ai pas eu ce désir de m'en sortir plus tôt, c'est parce que j'éprouvais un sentiment de puissance extraordinaire. Cette maîtrise du corps… D'ailleurs, je ne me suis jamais sentie aussi bien dans ma peau, je n'ai jamais eu autant confiance en moi… Et puis, c'est ce qui me permet de gérer mes émotions, d'affronter les difficultés et d'être forte en surface. Il faut que tu saches que la partie visible de mon comportement n'est pas la pire.

Alors il faut que je voie un médecin, j'en ai pris la décision. Et je n'imaginais pas faire cela en cachette. Je ne veux surtout pas que tu paniques, ni que tu dramatises car c'est une maladie qui se soigne et elle n'affecte en rien mon moral.

En fait, tout va bien… à part ça.

Je sais ce que tu dois être en train de te dire : « J'aurais dû m'en rendre compte, il y a plein de choses qui auraient dû m'alerter », mais je ne veux pas que tu culpabilises. J'ai tout fait pour le cacher, autant dans mes actes que dans mes paroles, même si ce n'était pas toujours facile. Je ne tiens pas à te décrire les troubles en détail, sache seulement qu'il s'agit à la fois d'anorexie et de boulimie, tout ce qu'il y a de plus banal, j'ai envie de dire. Crois-moi, je n'ai pas choisi de retomber dedans.

J'aimerais que ça ne change pas ton regard sur moi, qu'il n'y ait pas plus que ça qui compte. Je sais que je m'en sortirai car je suis une battante et je me suis sortie de bien pires situations, pas vrai ?

Tu ne peux pas t'imaginer à quel point je suis soulagée et contente que tu sois désormais au courant. Maintenant, je sais que je ne suis plus toute seule, que je pourrai compter sur toi et que je vais enfin pouvoir guérir.

En attendant, en ce qui concerne les repas, ça risque d'être un peu compliqué. Il faudrait que je t'explique un certain nombre de choses pour que tu comprennes ce que je dois et ne dois pas manger. Mais ce serait trop long à écrire. Il faudrait que l'on puisse en parler, sans tabou.

Pour ça, il faut que tu sois prête à entendre un certain nombre de choses pas forcément faciles. J'ai besoin que tu prennes tout ça sereinement, que tu ne sois pas choquée, que tu ne me juges pas. Sinon, crois-moi, je n'y arriverai pas.

Ce que je te demande c'est de ne pas en parler à papa, ni au médecin, ni à personne d'ailleurs.

Je sais que dans quelques mois je serai guérie. Je le sais parce que je le veux. Mais il y aura certains aménagements à faire, certains changements. Il faudra aussi réussir à changer le comportement alimentaire de papa car c'est évident qu'il a des problèmes avec la bouffe lui aussi.

Mais on reparlera de tout ça. Ne te tracasse pas trop, la vie continue, rien n'a changé, je suis toujours la même. Et ne m'en veux pas de te l'avoir caché si longtemps. Je voulais te protéger, te préserver de ça, t'épargner des soucis. Je voulais que tout aille bien, que tu vives un peu pour toi…

Voilà tout ce que je voulais te dire. Le reste, on en parlera de vive voix. Tu verras, à la rentrée de septembre, ce sera de l'histoire ancienne.

Je te fais des millions de bisous.

Poupette

Poupette, c'est un petit nom affectueux qui me suit depuis que je suis toute petite. C'est surtout mon père qui m'appelle comme ça, encore aujourd'hui. Et mon frère aussi, qui lui m'appelle Poup'. Alors c'est toujours comme ça que je signe lorsque je leur écris. C'est une manière de se dire qu'on s'aime sans avoir à prononcer les mots.

La réponse à cette lettre ne s'est pas fait attendre. J'ai pleuré de soulagement en constatant une fois de plus que j'avais la mère la plus compréhensive et la plus aimante du monde. Une vraie maman. Non pas que j'en doutais, mais j'avais besoin de m'en rendre compte à nouveau. J'avais besoin de voir qu'elle pouvait avoir cette place-là, et surtout, j'avais besoin de pouvoir enfin être l'enfant que l'on aide à se relever en lui disant que tout ira bien. Elle m'a écrit de ne pas avoir honte, qu'il s'agit d'une maladie et que je ne dois pas me sentir coupable. Elle a ajouté qu'elle ferait tout son possible pour m'aider, qu'elle se battrait à mes côtés jusqu'au bout, et que ce combat serait sa priorité. Elle m'a promis que je m'en sortirais, qu'elle n'en doutait pas.

Comme ces mots m'ont fait du bien… Comme j'y ai cru…

Pour la première fois, on ne me disait plus : « Nous savons que tu souffres… Mais tu es forte. » On me disait : « Nous savons que tu es forte, mais tu souffres. »

Cette subtile nuance faisait toute la différence… L'entendre plus tôt aurait sans doute changé ma vie.

Pour ce qui est de garder les secrets par contre, elle s'est montrée moins douée, mais je crois qu'à sa place j'aurais fait pareil. Et c'est ainsi qu'après avoir lu ma lettre, notre médecin de famille a jugé utile de m'envoyer à l'hôpital pour une série d'examens.

Alors voilà, c'est ici que je me retrouve à nouveau, dans une chambre aux murs sans âme, entourée d'infirmiers en blouse blanche qui viennent à tour de rôle me faire des prises de sang, un électrocardiogramme et tout un tas d'autres tests auxquels je ne comprends pas grand-chose. Au fond de moi, j'aimerais qu'ils trouvent quelque chose de grave mais pas trop, juste assez pour qu'ils me gardent, me prennent en charge et me fassent guérir. Parce que moi toute seule, je ne suis pas sûre de pouvoir y arriver et je suis fatiguée d'essayer.

Mes parents sont venus passer cette journée à mes côtés. Sentir le soutien de mon père me fait du bien aussi, même si je ne sais pas vraiment ce qu'il pense de tout ça. Nous n'en parlons pas ensemble, entre lui et moi, le sujet reste tabou. Il sait que j'ai des troubles du comportement alimentaire, je sais qu'il le sait, et ça s'arrête là.

Quand arrive l'heure des résultats, de la sentence finale, je décide d'abandonner mes parents dans la salle d'attente pour me diriger seule vers le bureau de l'endocrinologue, dont je ne sais même pas en quoi consiste le métier. Je ne veux partager ce moment avec personne. Ça ne servirait à rien de toute façon, je suis la plus forte de cette famille.

J'ai peur.

À peine ai-je franchi le seuil de son bureau qu'il m'invite à fermer la porte. J'ai un peu plus peur alors parce que je sais que ce n'est jamais pour annoncer une bonne nouvelle que les médecins nous demandent de fermer la porte. Quand tout va bien, ils ne nous disent rien, on peut la laisser ouverte parce que tout le monde peut entendre les bonnes nouvelles, on s'en moque, et puis ça ne prend pas beaucoup de temps à annoncer une bonne nouvelle, pas même besoin de s'asseoir non plus.

J'ai donc refermé la porte derrière ma peur et moi, et elle en a profité pour prendre ses aises. J'ai peur de ce que l'on va découvrir, peur de demain. Le temps presse, mes jours sont comptés. Mes minutes aussi peut-être.

Mon cœur peut s'arrêter n'importe quand, me dit le médecin.

La violence de ces mots me ramène brutalement à la réalité.

« Vous devrez désormais prendre deux comprimés trois fois par jour pour éviter la crise cardiaque. Votre taux de potassium est à la limite de nécessiter une hospitalisation d'urgence. J'ai reçu une jeune fille de votre âge il y a quelque temps, elle souffrait des mêmes troubles. Quelques mois plus tard, son cœur a défailli. Aujourd'hui, elle est dans un fauteuil roulant, tétraplégique. »

Me reviennent en mémoire les images de cet enfant faisant des figures de danse incroyables avec une seule jambe. Je sens un frisson me traverser le corps.

Ces mots sont un électrochoc. Je n'en ai aucun à lui proposer en retour.

Ce sont mes pires angoisses qu'il vient de m'envoyer en pleine figure de la manière la plus banale possible, sans même un regard bienveillant. Et comme si ça ne suffisait pas, il ajoute que je peux tirer un trait sur le seul projet auquel je m'accrochais : celui d'aller passer ma troisième année d'université en Allemagne, où j'espérais donner un sens à mes études de langues étrangères, avec le seul ami que je m'étais fait et que j'avais convaincu de partir avec moi. Il devra désormais partir seul. Mon état ne le permet pas, le constat du médecin est sans appel. Je voudrais qu'il ravale ses mots en même temps que sa froideur et qu'ils restent coincés dans sa gorge pour qu'il voie comment c'est dur à avaler, une telle nouvelle.

En passant la porte de son bureau qu'il a lui-même rouverte cette fois, pour que la mauvaise nouvelle n'encombre pas son bureau plus longtemps, il me faut expliquer à mes parents que leur fille est en sursis mais que, à la question « Vivre ou mourir ? », elle a répondu « Vivre ! » sans hésiter.

Pourtant, lorsque je sors de l'hôpital, des comprimés pour le cœur dans une main, des antidépresseurs dans l'autre, je pleure… Pas parce que je joue avec ma vie, non. Je pleure parce que je sais que, dès que mes parents seront partis et que je serai à nouveau seule dans mon appartement, j'ouvrirai machinalement les placards et le frigo pour y chercher tout ce qui pourra me remplir à nouveau. Puis je vomirai tout.

Je pleure parce que tout ça n'a aucun sens.

On vient de m'offrir sur un plateau un diagnostic effrayant. Mais moi, c'était de l'aide que j'attendais. Alors, dites-moi, je fais quoi avec ça maintenant ?

Je tiens à la vie plus que tout pourtant. Plus qu'elle ne tient à moi sans doute.

Je tiens à ma vie qui, elle, ne tient plus qu'à un fil…

17.

« Personne ne sait encore si tout ne vit que pour mourir ou ne meurt que pour renaître. »
Marguerite Yourcenar

Je vois ma psy une fois par semaine. Prescription du médecin, en plus des comprimés. Ce n'est plus la même, elle, c'est une psychiatre habilitée à renouveler mes ordonnances d'antidépresseurs.

Elle ne me sourit jamais, mais j'ai parfois l'impression qu'elle se retient. Sûrement pour éviter que notre relation prenne une quelconque dimension affective, histoire de transfert où je ne sais quoi, truc de psy. Elle a raison ceci dit, car je lui raconterais certainement les choses différemment si c'était le cas.

Cette manie de vouloir plaire aux autres, quitte à porter un masque…

Forcément, comme avec tous les psy, nous avons commencé par psychanalyser mes parents.

Et comme à chaque fois, j'ai commencé par trouver ça plutôt confortable, alors j'y ai cru un peu et j'ai passé mon tour plusieurs fois avant de relancer les dés et de me rendre compte que ce n'était qu'une manière possible de voir les choses, parmi d'autres. Une manière qui arrange, oui, et qui m'arrange encore parfois je l'avoue, parce que rejeter la faute sur l'autre ça allège d'une responsabilité un peu lourde à porter, et puis ça évite des remises en question douloureuses.

Mais très vite, je lui ai expliqué que mes parents avaient toujours fait de leur mieux, à chaque instant.

Ils ont fait de leur mieux en me permettant de faire tout ce dont j'avais envie, même quand c'était du tennis une année, du judo l'année suivante, du ping-pong l'année d'après, de la gymnastique, du basket, de l'équitation, du roller ou encore du piano parce qu'il y avait déjà en moi cette faim de vie, vous voyez... Ils ont fait de leur mieux en me laissant croire que plusieurs de nos chats s'étaient enfuis afin que je ne sache pas que ma mère les avait découverts écrasés au beau milieu de la route en venant me chercher à l'école ; ils ont fait de leur mieux en m'offrant un chien après avoir vu à quel point la présence de ce petit être me procurait du bonheur ; en m'apprenant à aimer les choses simples de la nature, à reconnaître les girolles, les bolets et les pieds-de-mouton dissimulés sous des tapis de feuilles mortes ; à observer les oiseaux, à cueillir les mûres, à écouter la forêt, à contempler les couchers de soleil avec chaque fois le même émerveillement ; en faisant en sorte que Noël soit toujours une période magique et en décorant chaque pièce de la maison de boules et de guirlandes de toutes les couleurs, jusqu'au sommet du majestueux sapin qui trônait toujours dans le salon avec sa belle étoile et ses cheveux d'ange ; en faisant tout pour que je crois au Père Noël le plus longtemps possible, jusqu'à ce jour où j'avais ouvert la porte du bureau un peu trop tôt et vu mon père et mes frères remonter les cadeaux de la cave ; en m'apprenant à aimer la musique, les livres, la cuisine, et même les brocolis tellement ils étaient forts mes parents !

Nous n'étions pas pauvres, mais nous ne roulions pas sur l'or non plus, et pourtant, je n'ai jamais manqué de rien, bien au contraire. À bien y réfléchir, je crois même que je n'aurais pas pu rêver meilleure enfance.

La seule chose que je pourrais leur reprocher, c'est d'avoir toujours mangé mes cornets de glace parce que je n'aimais pas ça, sans jamais me dire qu'il y avait du chocolat au fond… Aujourd'hui, c'est la partie que je préfère.

Et je sens bien que cette mini tragédie familiale dans laquelle nous baignions me plaisait, d'une certaine manière. Je voulais être une adulte parce que je ne me retrouvais pas dans les règles de l'enfance, et parce que j'avais le sentiment d'avoir quelque chose à apporter aux autres, quelque chose qu'ils n'avaient pas, comme une faculté un peu exceptionnelle de pouvoir tout comprendre, au moins sur le plan émotionnel. J'ai toujours eu l'impression d'être capable de prendre du recul sur les choses et de les voir avec beaucoup plus de lucidité que les adultes qui m'entouraient.

Et puis, quelque chose m'a toujours fascinée dans la souffrance. Une sorte de mélancolie qui rend tout plus beau, plus puissant, plus envoûtant. J'y vois une source d'inspiration infinie, une essence. Alors je l'entretiens, je m'y blottis souvent comme dans un cocon, et je me nourris du réconfort et de la poésie qu'elle m'apporte, tout en continuant à crier au monde entier que la vie est belle et en y croyant très fort. Cette dualité s'est précisée en grandissant, et elle semble être aujourd'hui ce qui me définit le mieux.

Peut-être est-ce ma manière à moi de prolonger un peu l'enfance, après tout.

Mais il y a cette colère, dont je ne sais pas quoi faire et qui n'a rien à voir avec cette mélancolie. Qui n'a rien à voir avec moi. Cette colère que je sens grandir depuis plusieurs semaines, tout comme ce sentiment de rancœur venu de je ne sais où.

Au fur et à mesure de mes séances avec la psy, je sens tous les éléments douloureux de mon enfance revenir me percuter brutalement. Je les découvre tapis dans l'ombre de mes pulsions alimentaires, comme si une lumière crue et éblouissante n'éclairait soudainement plus qu'eux.

Dans l'atmosphère feutrée de son cabinet, je sens remonter à la surface toutes ces choses qui pourrissaient silencieusement au fond de moi, la relation fusionnelle avec ma mère, l'agressivité de mon père, son obsession pour la bouffe... et la colère m'embrase. Colère d'avoir été condamnée d'office à vivre avec des maladies qui empoisonnent mon quotidien et dont j'aurais pu, j'aurais dû être préservée, même si je ne sais plus trop si c'est moi ou la psy qui le pense.

Pour la première fois, je me sens en vouloir terriblement à mes parents, et je m'en veux de leur en vouloir. Mais peut-être est-ce une étape nécessaire. Peut-être avais-je juste besoin de diriger cette colère contre quelqu'un pour pouvoir l'évacuer plus facilement. Retour à l'envoyeur. Ça doit être ça puisque la psy se contente de me regarder en souriant quand je lui explique ces moments où mon cœur s'accélère, où mes nerfs se mettent en boule, et où la moindre remarque de mes parents à mon égard se transforme en affront. Je ne sais pas encore comment canaliser cette rage autrement qu'en mangeant et en vomissant, et quand ils sont dans les parages, ils se transforment en cibles sur lesquelles je tire sans relâche. Ma mère surtout, car je la sais plus vulnérable. Et aussi parce que je lui en veux de l'être à ce point. Je voudrais une mère forte et solide.

J'aurais voulu une mère qui me permette d'être une enfant bien plus tôt.

Vraiment ? J'en doute. Mais la psy sourit toujours, alors je continue dans cette voie.

Je laisse s'abattre sur ma mère toute mon agressivité puisqu'il semblerait qu'elle en soit à l'origine. Mes mots sont durs, cinglants, impitoyables. Je ne lui passe rien, j'oublie même parfois de la respecter, avec l'espoir inconscient qu'elle réagisse enfin, qu'elle cesse d'être aussi sensible parce qu'on m'a dit qu'elle n'aurait pas dû l'être.

Oui, je crois que c'est ce que j'essaye de provoquer en déversant sur elle toute cette violence : qu'elle réagisse ! Qu'elle se révolte ! Qu'elle relève la tête et me dise stop ! Qu'elle refuse d'être une victime !

Sa fragilité me donne la nausée. Ma colère m'écœure.

La psy, elle, ça ne la dérange pas. Elle sourit toujours.

Je me demande parfois si elle ne pense pas à autre chose pour garder sans cesse sur son visage cette expression qui n'a aucun rapport avec comment je me sens moi.

La culpabilité me ronge presque instantanément dans ces moments où je ne suis plus que mépris et où j'ai pleinement conscience du mal que je fais à ma mère en la prenant pour cible pour la seule véritable raison qu'elle est la personne qui m'aime le plus au monde et que rien de ce que je pourrais dire ou faire ne changerait ça.

C'est pas digeste, la colère. Soit ça vous fait des nœuds à l'estomac, soit ça vous reste en travers de la gorge…

Pourtant, le lien qui nous unit est de plus en plus sain et équilibré. Je me sens pour la première fois de ma vie exister sans elle et, pour la première fois aussi, sa seule présence dans ma vie ne remplit plus tout l'espace de mon être. C'est peut-être ça, couper le cordon… Ça saigne un peu au début, des deux côtés, juste le temps que ça cicatrise et que chacun apprenne à respirer par et pour lui seul.

C'est peut-être juste un peu plus difficile que je le croyais.

Je sais que ma mère s'en veut terriblement de ce mal qu'elle m'a fait sans le vouloir. Et si c'était ça, la vraie raison de ma colère finalement ? Je voudrais qu'elle ne s'en veuille pas d'avoir été humaine, d'avoir fait de son mieux avec son histoire, son vécu, ses blessures, comme chacun de nous le fait à chaque instant.

Oui, c'est exactement ça.

J'en veux à ma mère de s'en vouloir de n'avoir pas été une mère parfaite alors qu'elle a été la meilleure maman du monde. Je lui en veux parce qu'elle culpabilise de ça, s'en excuse et s'en justifie, au lieu de juste consoler ma peine.

Chaque fois que je quitte la maison pour aller retrouver mon appartement, je lui écris pour lui dire que je suis triste de l'avoir blessée ainsi, que je ne voulais pas être aussi dure avec elle. J'essaye de lui expliquer que moi non plus je ne comprends pas bien, mais que c'est ce qui se passe en moi, c'est tout. Il paraît que c'est ça, la thérapie. Il paraît que c'est ça, devenir adulte.

Et même si elle me répond toujours qu'elle ne m'en tient pas rigueur, je devine l'empreinte invisible que mes mots ont laissée.

Alors, comme je sais que les mamans, ça peut lire dans les pensées, je ferme les yeux et je pense très, très fort : maman, si je suis parfois agressive, vexante, odieuse, je t'en prie, dans ces moments-là, n'oublie surtout jamais que je t'aime et que, promis, ça ne saignera plus très longtemps…

18.

« C'est à partir de toi que j'ai dit
oui au monde. »
Paul Éluard

J'ai rencontré quelqu'un il y a quelques mois. La vie réserve de drôles de surprises parfois. À croire qu'elle me récompense d'avoir eu le courage de faire un pas vers elle… Mon cœur s'est remis à battre, je suis en vie !

Julien, il s'appelle. On travaille ensemble et, à vrai dire, je crois qu'il s'intéressait à moi depuis longtemps, mais j'étais trop occupée à me noyer à l'intérieur de moi pour le voir. Physiquement, il ne me plaît pas vraiment et je ne suis pas non plus très sûre des sentiments que j'ai pour lui, mais il est le premier à avoir posé le regard sur moi, le premier à me donner l'impression d'exister, le premier à me proposer un peu d'amour…

Je pouvais quand même pas dire non.

On s'est tournés autour pendant quelques semaines, le temps de laisser naître cette tendre complicité entre nous. J'espérais qu'il se passe quelque chose, mais je savais que je ne tenterais rien. J'avais trop peur de faire ce pas vers lui, trop peur qu'il me repousse, trop peur que ce ne soit qu'un flirt éphémère et que je me sente à nouveau abandonnée. Car je savais qu'à la fin du mois de décembre, à peine deux mois plus tard donc, il allait partir vivre à Paris où une nouvelle vie l'attendait. À Paris où, clairement, je n'étais pas. Alors à quoi bon…

Les semaines passaient, j'attendais toujours impatiemment mes deux jours de travail hebdomadaires et, par chance, on m'avait proposé de travailler à temps plein les deux semaines précédant Noël. Tous les matins, je passais du temps à essayer de me faire jolie et, toute la journée, je lui offrais des sourires et des regards qu'il me rendait…

Jusqu'à ce fameux soir où, alors qu'il me raccompagnait chez moi après une soirée entre collègues au cours de laquelle nous avions fêté son départ, il m'avait posé cette question que je n'espérais plus : « Tu veux que je vienne boire un dernier verre ? »

Le destin de cette soirée reposait alors clairement entre mes mains. Je n'avais pas droit à l'erreur, il n'y aurait pas de rattrapage. Mon cœur s'était mis à battre un peu plus vite. Si je lui répondais non, je refermerais la portière derrière moi, la voiture s'éloignerait pour le ramener chez lui, puis nous nous reverrions au travail le lendemain pour ce qui serait sa dernière journée. Nous serions sans doute un peu gênés tous les deux, moi sûrement pleine de remords, et puis il irait prendre son train pour Paris, vers une nouvelle vie dans laquelle je ne serais plus qu'un souvenir un peu fade que le temps finirait par engloutir.

Si je voulais créer une possibilité entre nous, nous offrir la chance de vivre quelque chose, c'était maintenant ou jamais. Alors, j'avais pris l'air le plus naturel possible malgré ma voix qui tremblait un peu pour lui répondre : « Oui, avec plaisir ! »

Nous étions montés ensemble dans mon appartement, nous avions bu un dernier verre, nous avions parlé et ri… et puis un ou deux autres derniers verres… et je lui avais naturellement proposé de rester. Parce qu'il était fatigué, légèrement ivre ; parce que nous allions travailler au même endroit et à la même heure le lendemain matin, un lendemain matin qui n'était plus qu'à cinq heures de nous ; et parce que j'avais envie de le garder auprès de moi, surtout.

J'imagine qu'il avait anticipé ce scénario bien avant qu'il ne m'effleure l'esprit ; je n'avais donc évidemment pas eu besoin d'insister.

Il s'était couché d'un côté du clic-clac, moi de l'autre. J'avais 19 ans, et il était le premier garçon qui m'offrait la possibilité d'une histoire, même si je ne savais pas encore la forme qu'elle aurait. Je ne savais pas comment faire, ni même jusqu'où j'étais prête à aller. Je m'étais laissée envahir par un mélange d'excitation et d'angoisse. Je n'avais jamais eu à me poser ces questions, je ne savais pas l'importance que je voulais donner à tout ça, mais je ne voulais pas laisser la peur me paralyser et je m'étais dit que mon corps saurait sûrement, au moment venu.

On avait recommencé à parler – sûrement pour tenter de masquer ce léger malaise – tout en réduisant peu à peu l'espace entre nos deux corps. Et puis le silence s'était fait. Allongés côte à côte dans le noir le plus complet, nous étions restés ainsi quelques instants, sans bouger, juste le temps de laisser l'éternité s'installer dans cet instant.

Tout s'était ensuite passé au ralenti… Son souffle à quelques centimètres de mon visage… Sa peau frôlant la mienne… Ce frisson dans tout mon corps… Ses lèvres, qui avaient d'abord effleuré les miennes, presque hésitantes, avant de revenir à la charge pour embraser l'incendie qu'elles venaient de déclencher. Nous nous étions embrassés avec passion, avec envie, avec impatience. Comme dans mes séries préférées.

Je venais de devenir une femme désirable et désirée aux yeux d'un homme à peine plus âgé que moi, moi qui n'avais encore jamais été autre chose qu'une adolescente boulimique et anorexique.

Nos baisers s'étaient faits de plus en plus enflammés, fougueux, et j'avais alors senti la force de son excitation lorsque son corps était venu recouvrir le mien.

« Pas comme ça, pas le premier soir… Je ne peux pas… » lui avais-je dit dans un murmure.

Tout ça était bien trop nouveau pour moi, je voulais savourer chaque étape, prendre mon temps. Je ne voulais pas, une fois de plus, grandir trop vite…

J'espérais ne pas avoir tout gâché, qu'il n'allait pas finalement rentrer chez lui et m'abandonner à la nuit. Je ne savais pas si un baiser serait suffisant pour lui donner envie de démarrer une histoire à distance. En fait, je ne savais rien de ce à quoi aller ressembler le lendemain, ni même les minutes qui allaient suivre…

Mais il n'était pas parti. Il m'avait dit qu'il n'y avait aucun problème, que tout allait bien, et on s'était endormis dans les bras l'un de l'autre, comme si c'était la chose la plus naturelle au monde.

Nos collègues nous avaient évidemment regardés avec un sourire en coin en nous voyant arriver ensemble alors que je n'étais censée commencer à travailler que deux heures plus tard ce matin-là. Les commentaires et les questions avaient rapidement suivi. Il ne faisait aucun doute pour personne que nous venions de passer la nuit ensemble, et ils n'avaient pas tort, même si la nuit en question n'avait pas tout à fait ressemblé à ce qu'ils avaient tous en tête.

La journée s'était passée de manière étrange. Julien s'était montré plutôt froid et distant par rapport à d'habitude, c'était la première fois que je le voyais comme ça. Je n'avais pas répondu à ses attentes, je ne l'intéressais sûrement plus. Cette pensée avait créé un puits de larmes au creux de ma poitrine, mais je m'étais efforcée de ne rien laisser paraître.

La fin de la journée – et avec elle la tournée des supermarchés – arriverait bien assez vite, et en attendant, ma pause déjeuner m'avait permis de me remplir un peu, et de me vider beaucoup, comme presque tous les jours.

Mais la fin de la journée était arrivée et, alors que je ne m'y attendais pas, Julien m'avait proposé de l'accompagner à la gare où nous avions eu le temps de prendre un verre ensemble. Nous avions alors pu reparler de ce qu'il s'était passé la nuit précédente et de ce que cela représentait pour chacun de nous. Il était sur le point de démarrer une nouvelle vie à Paris, mais j'y étais la bienvenue quand je voulais. Il voulait me revoir, nous laisser une chance de vivre quelque chose ensemble. Mes yeux étaient grands ouverts, pourtant j'étais persuadée d'être en plein rêve…

Il était parti après avoir déposé un dernier baiser sur mes lèvres déjà affamées de lui.

Quelques heures plus tard, j'avais à mon tour pris la route pour aller passer les fêtes de Noël auprès de mes parents, avec cette sensation nouvelle que je sentais frémir dans tout mon corps, comme si quelque chose venait de naître en moi. J'avais reconnu l'espoir, la joie, et quelque chose qui ressemblait à de la confiance. Une nouvelle vie était désormais liée à la mienne, et ça changeait la donne, même si je n'avais encore aucune idée de ce que cette histoire allait donner dans le temps. Mais j'avais la possibilité de croire en quelque chose de beau, et c'était suffisant. Mon horizon devenait un peu plus clair, et même si la souffrance me plaisait, je n'étais pas contre l'idée de la délaisser un peu.

Trois semaines ont passé et on s'est déjà revus deux fois. Une fois ici, et une fois à Paris où je l'ai rejoint le temps d'un week-end.

Je ne lui ai pas parlé de mes problèmes de santé. Je ne lui ai pas présenté cette partie sombre de mon être, de ma vie. Je n'ai pas envie de lui faire peur, je ne veux pas qu'il me regarde comme une malade, et je ne veux surtout pas qu'il me surveille quand je mange ou qu'il me soupçonne d'aller vomir chaque fois que je vais aux toilettes... Cela m'empêcherait de vivre librement ma maladie et je ne le supporterais pas.

Pour la première fois depuis longtemps, j'ai la possibilité d'exister en dehors d'elle, j'ai la possibilité d'être autre chose qu'une boulimique anorexique, et je veux goûter à cette sensation, la savourer et, qui sait, m'y habituer peut-être...

Je lui en parlerai plus tard, si notre histoire devient sérieuse...

De toute façon, depuis lui, j'ai beaucoup moins de temps à consacrer à mes crises. Et j'en ressens un peu moins le besoin je crois.

L'amour, ça nourrit aussi, mais d'une autre manière.

Je vomis toujours beaucoup, mais depuis mon rendez-vous à l'hôpital, il m'a fallu réapprendre à m'alimenter et à garder les aliments. J'essaye de le faire pour au moins un repas par jour, mais c'est compliqué et douloureux. Cela fait des années que mon estomac a l'habitude d'être toujours vide, qu'il est devenu tout petit. Des années qu'il est programmé à refuser tout ce que je lui propose, et là, soudain, je lui impose de garder les aliments que je lui envoie, de les digérer... Réapprendre à manger est un combat. Je ne peux ingérer que de toutes petites quantités à la fois et je dois attendre parfois plus de six heures pour que la digestion se fasse et que les aliments renoncent enfin à prendre le chemin inverse. C'est une lutte tant physique que mentale, car ce ne sont pas seulement les aliments que je garde alors en moi, mais aussi les émotions, dont certaines auxquelles j'ai l'impression de n'avoir jamais été confrontée, toujours vomies à temps. Je dois réapprendre à les accueillir, à les gérer, à les digérer.

Désormais, la plupart du temps, lorsque je suis seule, je passe de longues minutes à ruminer mes aliments, comme une vache. À peine avalés qu'ils me reviennent en bouche, et alors je les mâche à nouveau, je les avale encore, et cela se répète jusqu'à ce qu'ils soient totalement réduits à l'état de bouillie. Sans doute que mon estomac les digère plus facilement ainsi, comme celui d'un bébé. Et puis ça me donne la sensation de manger pendant plus longtemps sans avoir toujours besoin d'aller jusqu'à faire une crise.

J'aime le temps que je passe avec Julien, mais je ne sais pas encore si je le préfère à celui que je passe avec la nourriture.

La distance géographique entre nous me permet de gérer ces deux relations en parallèle, mais pas le reste. Je ne vais presque plus à la fac, j'ai manqué des examens, je crois que je ne finirai pas l'année scolaire... Je n'ai pas l'intention d'abandonner mes études pourtant, mais comme rester en vie est plus important que tout le reste, je n'arrive plus à me concentrer sur autre chose que sur Julien et cet espoir d'une vie nouvelle dont notre histoire porte le germe.

19.

« Il n'y a pas de hasard,
il n'y a que des rendez-vous. »
Paul Éluard

Cela fait plusieurs mois maintenant que nous sommes ensemble. Lui, ma boulimie et moi.

J'ai l'impression que l'air que je respire n'est plus le même, je retrouve la saveur des choses, le goût des petits bonheurs quotidiens. Je ressens cette ivresse qui naît au creux de ma poitrine puis sa vague chaude et lumineuse qui se diffuse dans chaque cellule de mon être. Je ne pensais pas que ça pourrait m'arriver à moi, qu'on me regarderait un jour, que je pourrais rendre la vie de quelqu'un plus belle en étant simplement moi. Sans costume. Sans attente de résultat.

Je crois que notre histoire a des chances de durer, je sens que quelque chose se construit doucement.

On est bien ensemble. C'est censé suffire, non ?

Et puis je passe de plus en plus de temps à Paris avec lui, dans son appartement. Des semaines entières parfois. J'en profite pour apprivoiser cette ville effervescente et tout ce qu'elle a à offrir.

Malgré cela pourtant, je ne lui ai pas encore ouvert l'accès à mon intimité. J'ai cru le vouloir à certains moments où toutes les conditions étaient réunies et où je me sentais bien, mais quelque chose m'a bloquée à chaque fois, sans que je puisse vraiment dire quoi. La peur qu'en me voyant nue, son regard puisse voir au-delà de mon corps et découvrir ce que je cache au plus profond de moi ? La peur qu'il me questionne en voyant les cicatrices autour de mes seins ? L'inquiétude à l'idée de laisser un autre prendre possession de mon corps alors que je n'arrive même pas moi-même à y trouver ma place ? Je commence à le regarder un peu différemment pourtant, ce corps qu'un autre semble aimer comme je n'ai jamais su le faire. Moi qui tentais de disparaître derrière des vêtements larges et sans forme, je m'essaye au jeu de la féminité et de la séduction, pas à pas.

Il y a quelques jours, je suis allée l'attendre à la sortie de son travail après une virée shopping et coiffeur. Je ne portais rien de très extraordinaire pourtant, un pantalon noir un peu moulant, un pull léger qui dévoilait l'une de mes épaules, des escarpins avec un petit talon, et mes cheveux lisses et brillants. Pas extraordinaire non, mais c'est sûr que comparé à mes jeans, mes hauts larges, mes grosses baskets et mes boucles en désordre, ça n'avait rien à voir. Je crois que j'étais un peu jolie. C'est en tout cas ce que son regard et son sourire lorsqu'il m'avait vue entrer dans la boutique m'avaient laissé penser…

Et puis il y avait eu ces autres regards aussi. Ceux d'hommes que j'avais croisés et que j'avais sentis s'attarder sur moi pour la première fois. J'avais trouvé ça chaud, rassurant, agréable.

Ces regards faisaient de moi une femme désirable, et je m'étais sentie y prendre instantanément goût.

À présent, c'est à ces regards que je pense quand je me prépare avant de sortir, et c'est en eux que j'apprends à aimer mon reflet. C'est pas que celui de Julien ne me suffit pas, c'est juste que ça me rassure de sentir que d'autres hommes aimeraient être à sa place, ça me donne un peu plus de valeur et de consistance. Je fais plus attention à être féminine, et je m'autorise même de plus en plus à être un peu sexy. C'est comme un nouveau pouvoir que l'on vient de m'offrir, dont j'ai envie d'apprendre à me servir. Je ne sais pas si ça a quelque chose à voir mais mes crises sont beaucoup moins nombreuses et je vomis de moins en moins. Trois ou quatre fois par jour seulement. Et surtout, je fais autre chose que ça. Ma boulimie et mon anorexie ne m'empêchent plus de vivre. J'ai arrêté la fac pour passer plus de temps avec Julien à Paris. Et même si certains jours je reste dans son appartement pour me gaver après être allée faire des courses, c'est moins grave car je passe quand même aussi du temps à me promener, à faire du shopping ou à aller au cinéma…

La vie se remet doucement à gagner du terrain.

Si l'été se passe bien, je me dis qu'à la rentrée je pourrai le rejoindre vraiment et m'installer là-bas avec lui. Je me réinscrirai à l'université pour terminer mes études dans un nouvel environnement, vierge de toute souffrance. D'ailleurs, je viens d'arrêter mon traitement pour le cœur, c'est bon signe ! Mon taux de potassium est revenu à un niveau suffisant pour lui permettre de fonctionner à nouveau seul. Je continue seulement les antidépresseurs et quelques anxiolytiques parfois, je vais souvent chez le dentiste aussi pour soigner des caries quand il n'est pas trop tard pour le faire et je fais régulièrement des cures de fer car je souffre d'anémie, ce qui me fatigue beaucoup. Mais rien de grave. Rien qui ne menace ma vie, c'est l'essentiel.

Je continue à voir ma psy toutes les semaines, même si j'ai parfois le sentiment de ne plus en avoir besoin. La colère que je ressentais envers mes parents s'est apaisée, le manque de mon frère se fait moins envahissant et je suis en train de tomber amoureuse. Mais je ne sais pas comment on sait que l'on peut arrêter une thérapie ni comment s'y prendre. J'imagine que les psy ont recours à toutes sortes de subterfuges pour nous garder le plus longtemps possible et entretenir leur business. N'empêche que je me sens prête à continuer ma vie sans elle. Surtout que j'en ai un peu marre de vivre dans le passé, de devoir me retourner sans cesse. Est-il vraiment nécessaire de savoir qui a tiré chaque coup de feu et pourquoi pour pouvoir quitter un champ de combat? J'aimerais regarder devant maintenant, sans forcément chercher à tout expliquer en décortiquant mon enfance à l'infini.

Si je pars vivre à Paris à la rentrée, ce sera l'occasion de clore ce chapitre je pense. Il sera temps de passer à autre chose. Et si ça se trouve, là-bas, je pourrai même me fabriquer une mémoire toute neuve.

20.

« Je volette de perchoir en perchoir dans
une cage de plus en plus petite dont
la porte est ouverte, grande ouverte. »
Gyula Illyes

Trois ans plus tard…

– Pourquoi êtes-vous avec cet homme ?

Je pressens un piège dans cette question et je la regarde, hésitante.

– Qu'est-ce qui vous rend si sûre que c'est auprès de lui que vous voulez passer votre vie ? Que vous apporte-t-il ? ajoute-t-elle.

Cela fait une quinzaine de minutes que je confie pour la première fois à ma psy mon attirance pour d'autres hommes, ma peur secrète de céder un jour à la tentation, et mes envies nouvelles de liberté. Alors, forcément, ces questions, je m'y attendais. D'ailleurs, je me les pose aussi parfois. Mais je n'étais pas prête à leur donner une réponse… Quand ma psy me la pose, pourtant, quelque chose se détend à l'intérieur de moi et je sens un sourire étirer mes lèvres.

Ce qu'il m'apporte? La stabilité, la sécurité, l'équilibre, la quiétude. Tout ce que je n'arrivais pas à trouver en moi… jusqu'à récemment peut-être.

Et puis, il m'accepte – non, mieux, il m'aime – telle que je suis, avec mes défauts, mes faiblesses, mes angoisses, mes blessures, mes incohérences. Il m'a aidée à m'épanouir et à renouer avec le désir de vivre. Nous partageons les mêmes valeurs, les mêmes envies pour l'avenir, et c'est à ses côtés que j'ai envie de continuer à grandir.

Mais alors, pourquoi suis-je en train d'évoquer la fragilité et la dispersion de mon désir? Dois-je m'en sentir coupable? Cette fois, c'est à mon tour de poser les questions.

– Dans votre adolescence, il n'y a eu aucune place pour le désir, quel qu'il soit, me répond-elle. Cet homme vous a aidée à vous épanouir, à prendre confiance en vous et à devenir une femme. Aujourd'hui, vous sentez pour la première fois le regard des autres hommes sur vous, vous vous rendez compte que vous plaisez et que vous pouvez être convoitée, même si vous êtes déjà avec quelqu'un.

Et vous ne savez pas encore comment le gérer, c'est nouveau pour vous.

Elle a raison, tellement raison... Nouveau et si plaisant ! Mais ça ne me dit pas ce que je dois en faire de ce désir, quelle place lui laisser. Je sens bien que je ne suis plus la même. J'ai démarré une nouvelle vie il y a maintenant trois ans, aux côtés d'un homme que j'aime, j'ai pu arrêter mon traitement pour le cœur puisque mon cœur allait mieux, j'ai repris mes études qui se passent un peu moins mal qu'avant même si je vais peu en cours car c'est un environnement dans lequel j'étouffe, et je continue ma thérapie même s'il me faut prendre le train à chaque fois pour retourner en ces lieux qui ont abrité mes moments de détresse les plus profonds.

Ma thérapie m'a changée, cette histoire d'amour m'a changée, et je ne suis pas la seule à le remarquer. Les regards des hommes, dont l'absence ne faisait autrefois que témoigner de mon inexistence, me déshabillent aujourd'hui. On me drague souvent, je sens le pouvoir que j'exerce désormais sur l'autre sexe et je lis la méfiance dans le regard et l'attitude des autres femmes, sans doute justement pour cette raison. Je découvre avec délice la loi de l'attraction. J'aborde la vie avec une énergie nouvelle qui me revient comme un boomerang. C'est enivrant, et j'aime jouer avec ça, sentir à l'intérieur de moi cette petite décharge qui me donne pleinement vie.

Je me sens prise au piège de ce moi naissant qui se refuse à réprimer des désirs auxquels il a enfin droit pour leur préférer la frustration et, peut-être plus tard, les regrets, moi qui me suis toujours promis de vivre sans.

Il serait si simple de faire de ma conscience ma complice et du désir mon alibi…

Ma psy me dit que je ressens le besoin de vivre des choses et que c'est aussi une façon de se découvrir soi-même, que c'est important.

Je crois qu'elle a raison, mais je me demande si ça vaut le coup de gâcher une relation aussi stable et sérieuse que celle que je vis avec Julien. Je me demande si je suis prête à quitter une relation sécurisante pour un avenir incertain… Tout ou rien…

Mes certitudes sont floues.

Un « laissez votre désir s'exprimer » conclut cette séance pour le moins déroutante. Je perçois le « enfin » implicite dans cette quasi-injonction et je sors de son cabinet un peu plus légère que d'habitude. J'ai envie de laisser libre cours à mon instinct, de me laisser porter et de faire confiance à la vie. C'est si bon de se sentir exister…

Je prends mon téléphone pour appeler ma mère et lui partager, comme à chaque fois, cette brûlante et de plus en plus fréquente sensation d'euphorie, et j'y découvre un message de Théo. Il me propose de le rejoindre pour prendre un verre.

Théo est un ami. Je l'ai rencontré il y a plusieurs mois, dans la boutique où travaille Julien. En fait, c'est un collègue de Julien. C'est devenu une manie de sympathiser avec tout le monde, surtout avec les hommes, c'est vrai. Surtout depuis que j'aime séduire aussi… C'est un jeu qui me plaît. Être celle que l'on désire ou que l'on craint est bien plus plaisant qu'être celle que l'on ignore !

Avec Théo, le feeling est passé tout de suite. On a discuté quelquefois ensemble quand j'attendais que Julien termine sa journée, et puis on s'est revus plus longuement à une soirée entre collègues à laquelle Julien m'avait proposé de venir. Chaque fois qu'il sortait sur le balcon pour aller discuter avec les fumeurs, Théo et moi nous lancions dans de grandes conversations philosophiques. J'ai tout de suite aimé sa vision du monde, sa bonne humeur, son sourire, et l'étincelle que j'allumais dans ses yeux. À d'autres moments de la soirée, quand nous étions chacun à un bout de la pièce, nous avions échangé quelques regards parfois un peu fuyants.

Depuis cette soirée, je viens chercher Julien à son travail un peu plus souvent.

Un peu plus jolie aussi.

Mais la première personne que je cherche du regard en passant la porte du magasin, ce n'est pas lui. Je me sens comme une gamine, l'excitation monte à mesure que j'approche et, à peine la porte d'entrée franchie, c'est en séductrice que je prends possession des lieux. Subtilement. J'aime l'effet qu'il me fait au creux du ventre, plus encore l'interdit de la situation. Je sais qu'il ne se passera rien, ce serait même ridicule de l'envisager, j'ai juste besoin de sentir que c'est possible et que ça ne dépend que de moi.

Le seul pas que nous avons franchi Théo et moi, c'est celui de passer un peu de temps ensemble en dehors du contexte de son travail, sans personne d'autre. Il sait que je me pose des questions sur certains aspects de ma vie de couple. Lui est célibataire depuis longtemps maintenant. Alors, pour que la situation reste sous contrôle, on ne se voit que dans des lieux publics, autour d'un verre, pour échanger, passer un bon moment ensemble, rire, se charmer juste un peu…

Julien n'en sait rien, évidemment.

On a tous droit à notre petit jardin secret, après tout. Et puis, inutile d'éveiller ses soupçons pour rien. Il sait que Théo et moi nous entendons bien, ça ne lui a pas échappé. Ça n'a vraiment pas l'air de le déranger. D'ailleurs, c'est même lui qui l'invite maintenant systématiquement lorsque nous organisons des soirées avec nos amis. Oui, il sait que l'on s'entend bien, et ça s'arrête là. Enfin, pour lui. Parce que, entre Théo et moi, la complicité est un peu plus forte que ça. Nous savons que nous nous plaisons mutuellement, on ne peut pas cacher ces choses-là, elles transpirent par tous les pores de la peau, elles changent la température de l'air. Mais je pense que ça me suffit, cette sensation de frôler l'interdit juste assez pour sentir ma peau frémir.

Alors je réponds oui à Théo. Et j'ajoute trois petits points avant d'appuyer sur « Envoyer ». J'aime l'infinité des possibles contenus dans ce signe de ponctuation. Tout ce que ces trois petits points disent, tout en faisant semblant de le taire ; toutes les portes qu'ils entrouvrent, sans rien promettre.

Je lui envoie un second message juste après pour ajouter que je n'ai rien à faire cet après-midi et que je serai bientôt là. Le temps d'acheter quelques viennoiseries à manger sur le chemin et de voler jusqu'à lui. Légère comme je me sens, ça ne devrait pas prendre longtemps…

21.

« L'homme était insaisissable, l'existence,
une énigme. Parfois un geste, un paysage,
une rencontre, une parole, une musique, une lecture ;
surtout l'amour, rachetaient ces ombres.
Il fallait savoir, s'en souvenir, parier sur ces
clartés-là, les attiser sans relâche. »
Andrée Chedid, *Le message*

Quelques stations de métro et de RER plus tard, j'arrive devant le café où nous nous sommes donné rendez-vous et je le vois assis en terrasse, deux verres posés sur la table devant lui. Le sien et le mien qu'il vient de commander. L'attention me fait sourire. Sa main presse mon épaule tandis que je lui fais la bise. J'essaye d'ignorer la vague de chaleur qui m'envahit alors.

Comme si de rien n'était, je m'installe en lui demandant sur un ton rempli d'assurance comment il va, pour masquer mon intimidation. Il me raconte brièvement ses dernières séances de sport avant de rediriger la conversation vers ce qui l'intéresse, à savoir moi. Je lui explique alors, sans rentrer dans les détails, que ma dernière séance chez la psy m'a permis d'y voir un peu plus clair et que je me sens plus sereine. Il sait que ma relation avec Julien bat de l'aile, que je ne suis plus très sûre de mon couple, mais je ne veux pas qu'il s'en réjouisse ni qu'il s'en serve à son avantage. Alors je lui exprime régulièrement mes sentiments pour l'homme qui partage ma vie et mon désir de trouver des solutions pour que mon couple reprenne des forces. Après tout, lui et moi ne sommes qu'amis, il est censé être capable d'entendre ce genre de confidences.

Mais s'il les entend, il sait aussi que ma présence à ses côtés n'a rien d'anodin. Il voit bien que si je joue avec lui à ce jeu dangereux, c'est parce qu'une partie de moi a envie d'échapper à cette vie trop rangée, trop stable, trop prévisible. Je me sens un peu perdue, je ne sais plus vraiment si j'ai peur que la situation finisse par m'échapper ou si je l'espère.

Cet équilibre si fragile à trouver, entre le besoin d'amour et le désir de liberté…

Il me dit qu'il me trouve jolie.

Je me contente de lui sourire en remettant une mèche de cheveux derrière mes oreilles. Je lui raconte ma semaine, les cours que j'ai séchés, les bonnes notes que j'ai quand même réussi à décrocher, et mon impatience à ce que mes années d'études se terminent enfin. Il me regarde plus qu'il ne m'écoute et je sens le pouvoir que j'exerce sur lui, l'attirance et le désir dont je suis la source. Je trouve ça terriblement excitant mais je m'applique à ne rien en laisser paraître.

Je suis en équilibre sur un fil, je flirte avec le danger, l'interdit, il suffirait d'un mot, d'un geste, pour que tout bascule. Un baiser, peut-être que ça ne changerait rien. Ou peut-être que ça changerait tout…

– Ça te dit de faire un tour en moto ? me demande-t-il soudain, m'arrachant à mes rêveries.

– Euh… là, maintenant ? Mais je n'ai pas de casque, et je n'ai pas prévu de vêtements chauds !

– T'inquiète pas pour ça, j'ai tout ce qu'il faut ! À chaque fois que tu me vois partir du boulot avec mon casque à la main tu me dis que t'aimerais bien essayer, alors c'est l'occas' non ? Il fait beau en plus, faut en profiter. Allez, finis ton verre et on y va !

Je baisse les yeux et je vois alors les deux casques et la veste posés au pied de la table.

Je déteste ces engins et je n'ai aucune envie de monter sur une moto, en vrai. Surtout depuis l'accident grave causé par un motard dans lequel mes parents auraient pu perdre la vie lorsque j'étais enfant. Mais je lui réponds : « OK, alors allons-y ! », parce que je meurs d'envie de serrer mon corps contre le sien.

Quelques minutes plus tard, noyée dans une veste épaisse et trop grande pour moi, la tête enfermée dans un casque comme un poisson dans son bocal, j'enfourche la moto pour venir me coller à lui. Ma température bondit alors de plusieurs degrés sans que la veste n'y soit pour rien et je passe timidement mes bras autour de sa taille comme il m'invite à le faire. Il démarre, et je m'abandonne alors aux sensations brûlantes de mon corps tout entier agrippé au sien, et aux vibrations de la moto qui me font totalement perdre contact avec la réalité. Heureusement que nous ne pouvons ni nous parler, ni nous regarder, ni faire quoi que ce soit d'autre d'ailleurs à cet instant précis, car la situation aurait complètement échappé à mon contrôle…

Après 25 trop courtes minutes, il finit par s'arrêter devant la gare. Le temps passe vite en sa présence, et je me rends compte qu'il est déjà tard et que Julien va bientôt rentrer à la maison.

Je descends *à contrecorps* de la moto et je profite du contact de mes pieds avec le sol pour m'aider à reprendre mes esprits.

– Alors ? Tu as trouvé ça comment ? me demande-t-il avec un sourire en coin.

J'ai trouvé ça extraordinaire, j'aurais voulu serrer ton corps encore plus fort entre mes bras, entre mes cuisses, laisser cette chaleur m'embraser et te laisser faire tout ce que tu veux de moi... J'aurais voulu que ça dure encore jusqu'à ce que tu m'enlèves ce casque, que tu m'arraches cette veste, et qu'il n'y ait plus aucun obstacle entre nos deux corps...

– C'était super ! C'est fou, cette sensation de liberté que ça procure... Même si on se sent vulnérable, je trouve, quand on double un camion ou qu'on passe entre deux voitures. Mais ça me plairait de retenter l'expérience, oui ! Merci beaucoup en tout cas.

– Ah, ah ! De rien. Je savais que ça te plairait ! Bien sûr, on refait ça quand tu veux, avec plaisir. On pourra en profiter pour aller pique-niquer dans un parc, si ça te dit. J'en connais un à une vingtaine de minutes d'ici avec un grand lac.

Avec plaisir, oui... Il ne croit pas si bien dire.

Je lui rends le casque, la veste, je tente de redonner à mes cheveux une forme acceptable, puis on se dit au revoir en sachant pertinemment que l'on se reverra bientôt, parce que ces moments sont délicieux et qu'ils deviennent presque un besoin.

Je suis déjà rentrée depuis près d'une heure lorsque Julien arrive à la maison.

C'est dans une tenue sexy que je lui ouvre la porte, sûre de mon effet. À peine passé le pas de la porte, il laisse tomber sa veste, m'enlace et m'embrasse avec fougue. Lorsque je sens ses mains parcourir mon corps, c'est un autre visage qui m'apparaît et c'est comme une décharge électrique qui me parcourt alors…

Je savoure cette sensation exquise et, pour la première fois depuis longtemps, c'est au plaisir que je m'abandonne.

22.

« Le souvenir du bonheur n'est plus du bonheur.
Le souvenir de la douleur
est de la douleur encore. »
Lord Byron, *Marino Faliero*, II, 1.

Dans la vie, il y a les situations que l'on prévoit, que l'on anticipe, pour lesquelles on a le temps de se préparer au moins un peu, qu'on les ait voulues ou non. Et puis il y a celles qui nous tombent dessus sans prévenir, sans prendre rendez-vous. Des météorites.

C'est l'un de ces moments que je viens de vivre, il y a exactement 44 minutes.

Ce moment, je l'ai espéré, rêvé, attendu… pendant cinq ans. Cinq longues années de larmes, de doutes, d'interrogations, d'attente, d'incompréhension. Cinq années pendant lesquelles j'ai compté les jours, les mois, les années. Cinq années vêtues de gris, passées à supplier les étoiles filantes, à noyer des vœux sous le pont Marie et à implorer un dieu en lequel je n'ai jamais cru. Et me voilà aujourd'hui en train de compter les minutes.

44 minutes viennent de s'écouler depuis que mon frère est réapparu dans ma vie.

Un violent électrochoc.

Une sensation inexplicable, ingérable. Il m'a suffi de voir son nom sur l'écran de mon ordinateur, glissé entre deux mails publicitaires, pour être submergée de sanglots. Le sol s'est dérobé sous mes pieds, l'oxygène s'est fait rare, le temps s'est figé, les mots sont devenus impossibles à prononcer, tout a cessé d'exister autour de moi.

Je n'ai pas su quoi penser, quoi dire, quoi faire… Je n'ai même pas su quoi ressentir.

Du bonheur sûrement, au fond, mais c'est la tristesse qui l'a emporté d'abord. Qui m'a emportée. Profonde et douloureuse. La tristesse de ces cinq années sans lui qui m'est revenue comme un boomerang en plein visage. Cinq années et bien plus d'hivers je crois. Parce que c'est froid, l'absence.

J'ai eu beau rêver de nos retrouvailles, rien n'y a fait. Il n'était pas là, jamais. Son absence a toujours pris toute la place. Et cet hiver qui n'en finissait pas… Difficile de réaliser. Difficile d'accepter. Difficile d'y croire. À cet instant, je ne suis même plus sûre de le vouloir.

Il m'a fallu quelques minutes, le temps de reprendre mes esprits, avant de pouvoir lire son message. Le relire. Il y dit que la vie est faite de choix, et que ces choix s'imposent parfois à nous, à certains moments de nos vies, pour nous apaiser, nous aider à nous rapprocher d'un idéal, même si certaines personnes peuvent être amenées à en souffrir. Il me dit que la vie est courte, mais qu'elle est faite de changements, que certains liens détruits valent la peine d'être reconstruits. Il me tend la main et me demande de la saisir.

J'ai envie de lui répondre que je ne l'ai jamais lâchée, sa main. Que c'est lui qui est parti, qui m'a abandonnée !

Et si c'était une blague ? Et si c'était un rêve ? Je l'ai fait souvent ce vœu, c'est vrai, mais je ne suis plus une enfant. Je sais très bien que ça ne se réalise pas, les vœux, c'est juste fait pour nous aider à ne jamais cesser d'espérer.

Mon cœur s'affole, mon esprit bouillonne sous le poids des milles et une questions qui m'assaillent. Pourquoi maintenant ? Que veut-il ? A-t-il des regrets ? Est-ce que je lui ai manqué ? Qu'attend-il de moi ? Suis-je prête à l'accepter à nouveau dans ma vie ? Est-ce que je lui en veux encore ? Comment suis-je supposée réagir, là, tout de suite ?

Hier encore, je rêvais de pouvoir serrer mon frère dans mes bras, demain je le pourrai peut-être, et je ne sais pas quoi en penser.

Je n'ose pas me réjouir, je sais que la vie est très forte pour reprendre quand elle veut ce qu'elle a soi-disant donné. Quelques lignes ne font pas le poids face à cinq années de silence et je ne veux pas le perdre une nouvelle fois. Alors, pour l'instant, j'essaye de lutter contre l'amour qui veut s'exprimer, contre les espoirs qui veulent renaître. Il est trop tôt.

Je me sens complètement perdue, déstabilisée, troublée.

Je ne sais pas de quoi seront faites les prochaines minutes, les prochaines heures, les prochains jours.

Tout se mélange dans mon esprit. La souffrance des années passées sans lui, la joie de ces retrouvailles annoncées, l'angoisse de ne pas trouver les bons mots pour lui parler, l'impatience de le revoir, la peur de fondre en larmes à sa vue…

Je sais juste que la seule chose qui m'obsède maintenant, c'est de recevoir un nouveau un signe de sa part.

Et voilà, on croit qu'on a fini par réussir à vaincre la douleur d'une absence, alors qu'on s'était juste habitué à vivre avec.

La vérité, c'est qu'on n'est imperméable à rien.

C'est un poème que je lui envoie en guise de réponse.

Je t'imagine à mes côtés
Et là c'est tout mon corps qui tremble
Nous retrouver un jour ensemble
Sècherait mes larmes à tout jamais

Je t'imagine sur ce quai d'gare
À l'heure où mon train doit partir
Tu viendrais pour me retenir
Mais c'est mon esprit qui s'égare

Je t'imagine dans un regard
Une silhouette, ou même une ombre
Disparaissant dans la pénombre
Jusqu'au reflet de mon miroir

Je t'imagine ici et là
Partout où mes yeux croient te voir
Je perds la tête mais pas l'espoir
Car mon cœur bat toujours pour toi

Je t'imagine au coin d'la rue
Et tout devient abstrait autour
Je vois des étoiles en plein jour
Si le moment était venu ?

Je t'imagine ou je te rêve
Mais c'est parce qu'au fond je t'espère
D'une petite sœur à son grand frère
L'amour ne connaît pas de trêve.

Le choc passé, le calme intérieur revenu, je peux enfin apprécier la beauté de ce moment. Je veux le savourer le plus longtemps possible, lire et relire ses quelques mots, murmurer son prénom, tenir sa photo contre mon cœur et penser à lui avec tendresse. Je finis par m'endormir sous le poids de la fatigue créée par toutes ces émotions.

Mais pas pour longtemps.

Au cœur de la nuit, de violentes nausées me tirent de mon sommeil. Je me lève et je sens ma tension chuter brutalement. Mes jambes se mettent à fléchir, mon corps tremble, ma vue se brouille, je ne comprends pas ce qui m'arrive mais je devine que ce n'est que le début. Les nausées se font de plus en plus fortes, jusqu'à m'obliger à me précipiter au-dessus de la cuvette des toilettes.

C'est la première fois que je me retrouve dans cette position sans l'avoir choisi. La vie sait être ironique parfois… Je vomis, une, deux, trois fois, dans la douleur, les larmes et la panique face aux spasmes tellement rapprochés que je n'arrive plus à reprendre ma respiration.

Mon estomac est vide, je ne vomis que de la souffrance.

Elle me brûle la gorge. C'est comme si on m'arrachait les tripes, j'ai l'impression que c'est mon cœur qui va finir par sortir, c'est insoutenable. La violence de ce moment est à la hauteur du choc ressenti quelques heures plus tôt. Lorsque les vomissements cessent enfin, je m'abandonne aux larmes de douleur et de tristesse qui m'assaillent. Julien est à mes côtés, impuissant. Il m'aide à me calmer et à sécher mes larmes. À cet instant, son amour me fait du bien même si je me sens seule dans l'épreuve que je traverse. Face à nos souffrances, on est toujours seuls de toute façon.

Mon corps vient de me forcer à vomir une émotion bien trop forte, une nouvelle impossible à digérer : le retour d'un frère dont j'avais fait le deuil. On fait comment pour trouver le sommeil après ça ?

Peut-être qu'à deux on y arrivera mieux, alors je me blottis fort contre Julien et j'y étouffe quelques derniers soupirs.

Le lendemain matin, c'est les yeux cernés par la fatigue et gonflés par l'excès de larmes que je me réveille. Je ne sais pas comment aborder cette nouvelle journée. J'ai l'impression d'avoir été projetée dans une réalité différente, je me sens absente à moi-même et à ce qui fait habituellement mon quotidien.

Julien est déjà parti au travail, il a dessiné un cœur sur un Post-it qu'il a collé sur le miroir de la salle de bains. Une attention qui m'aurait réchauffé le cœur dans d'autres circonstances, mais qui me laisse indifférente ce matin.

J'ouvre les volets sur un rayon de soleil dont le contact avec ma peau est sans effet, puis je vais jusqu'au salon et je m'arrête quelques instants devant la télévision éteinte, sans vie, avant de m'asseoir dans le canapé où je me laisse surprendre par Pompon, notre chat, qui saute sur mes genoux et s'y installe confortablement pour ronronner. Il fait toujours ça quand il me sent triste, sa manière à lui de me réconforter sans paroles inutiles. C'est ce que j'aime tellement chez les chats et les chiens, cette capacité extraordinaire à ressentir tout ce que l'on ne dit pas et à nous soutenir juste par leur présence. Et cette manière qu'ils ont de nous aimer sans condition, sans nous juger, sans même nous reprocher nos erreurs, nos sautes d'humeur ou nos absences… J'ai grandi avec eux et je ne pourrais plus vivre sans.

Je me demande si Pompon sait ce que je ressens en ce moment, parce que moi-même, je n'en sais rien.

Je le pose sur le coussin à côté de moi sur lequel il se roule en boule, puis je me lève et me traîne jusqu'à la cuisine pour préparer mon petit déjeuner, mais je ne peux rien avaler. Mon estomac me fait souffrir. À la moindre bouchée ou gorgée de quoi que ce soit, il se met à gonfler comme s'il était sur le point de déborder et l'envie de vomir me reprend.

Je me décide alors à appeler ma mère et mon autre frère, pour leur annoncer la nouvelle. J'appréhende un peu, je sais le bouleversement que cela risque d'être aussi pour eux. Surtout pour ma mère qui souffre silencieusement de l'absence de l'un de ses fils et de deux petits-enfants qu'elle ne connaît même pas. Mais j'ai besoin de leur soutien, de leur présence, de leur aide. De leur accord peut-être aussi, inconsciemment.

Comme prévu, ils sont surpris et un peu déroutés par ce que je leur annonce avec la voix qui tremble encore un peu. Ensemble, on se pose alors les mêmes questions : pourquoi moi et pas eux ? Pourquoi maintenant ? Pourquoi ?

Je m'en veux un peu car je sais dans quelle plaie profonde et béante je remue malgré moi le couteau avec cette nouvelle.

Mais à mesure que nous en parlons, je sens doucement la joie renaître et un sentiment s'impose peu à peu : au plus profond de mon être, le retour de ce frère absent dans ma vie me rend heureuse. Ma mère et mon autre frère me soutiennent dans mon projet de le revoir. Je n'ai pas à choisir, je peux les aimer tous en même temps.

Un rayon de soleil revient taquiner mon visage et je ferme alors les yeux pour ressentir sa chaleur.

J'en suis sûre, il existe un printemps pour chaque chagrin.

23.

« Pardonner, ce n'est ni oublier ni effacer ;
c'est renoncer, selon les cas, à punir ou à haïr,
et même, parfois, à juger. »
André Comte-Sponville

10. C'est le nombre de messages que lui et moi avons échangés en quelques jours.
7. C'est le nombre de kilos que j'ai perdus, quelque part dans cet espace-temps.

Quelque chose s'est bloqué à l'intérieur de moi, je ne sais pas trop où. Je crois que c'est à mi-chemin entre l'estomac et le cœur. Une indigestion.

J'ai perdu le sommeil tout juste après l'appétit. Le premier me fatigue, le second m'arrange. Plus besoin de lutter contre quoi que ce soit, rien à vomir, ça rend la vie tellement plus simple. Mes proches s'inquiètent un peu. Moi, je m'inquiète à l'idée que ça puisse « aller mieux » d'un jour à l'autre. Parce que leur « mieux » n'est pas le mien.

Mais ça, c'est parce qu'ils pensent tous que je suis guérie. J'ai préféré ne pas leur dire que, même si je ne suis plus aussi malade qu'avant, même si les crises de boulimie sont devenues quasi inexistantes depuis que je vis avec Julien, je vomis toujours, tous les jours, le trop-plein.

À moins que ce ne soit le trop-vide finalement.

Je me dis que ce n'est pas très grave, tant que ce n'est pas excessif, tant que j'arrive à manger correctement à côté, tant que ça ne m'empêche pas de vivre. J'ai décidé d'arrêter de me battre en permanence contre l'anorexie et d'accepter de vivre avec elle, tant qu'elle n'est pas trop envahissante. Parce que je ne vois pas ce qui réussirait à m'empêcher d'aller vomir après un repas trop copieux, trop riche, alors que je sais qu'en quelques secondes je peux m'éviter un mal de ventre, des kilos et des complexes en plus, la frustration d'un régime… Je n'arrive pas à renoncer à tant de facilité. Je ne me sens plus épuisée comme avant, je ne déprime pas, mon cœur fonctionne bien et je découvre même de nouvelles sensations, de nouveaux désirs… alors tout ne va pas si mal, au fond.

Pourtant, c'est vrai qu'aujourd'hui ça me fait du bien de ne plus ressentir la faim, ni même l'envie de manger, et de ne plus devoir vomir. J'ai l'impression d'offrir un peu de repos à mon corps. À mon esprit aussi d'ailleurs. Oui, j'aimerais que cet état dure pour être complètement libre à nouveau. Ou peut-être pour la première fois finalement.

« Comment se revoir au plus vite ? » me demande mon frère dans son dernier message. J'ai du mal à accepter cette soudaine urgence alors que je l'attends depuis tellement d'années.

Des tas de souvenirs me reviennent à l'esprit. Nos quatre mains sur le piano un soir de Noël, des éclats de rire dans le jardin avec notre autre frère, des parties de cache-cache interminables lorsque j'étais encore une petite fille, cette boîte à musique en forme de piano dont la mélodie me serre le cœur à chaque fois…

La tendresse finit par l'emporter sur la colère et l'incompréhension, et je lui propose jeudi soir.

Dans trois jours.

Peut-être aurais-je dû le faire attendre un peu plus ? Chacun son tour après tout. Mais l'impatience a fini par me gagner. Je veux des réponses à mes questions, je veux que nos solitudes s'annulent et que l'amour vienne réchauffer le silence glacial de l'absence. Je veux que ce qui est important pour moi compte enfin.

Ça fera toujours un truc en moins à vomir.

24.

« Finalement, c'est peut-être ça la vie : beaucoup de désespoir mais aussi quelques mouvements de beauté où le temps n'est plus le même. C'est comme si les notes de musique faisaient un genre de parenthèse dans le temps, de suspension, un ailleurs ici même, un toujours dans le jamais. Oui, c'est ça, un toujours dans le jamais. »

Muriel Barbery, *L'élégance du hérisson*

– Comment tu te sens ?

– Mieux maintenant. Merci. J'ai encore du mal à réaliser, mais je crois que j'ai envie de ne pas y penser aujourd'hui. On pourrait peut-être… juste se contenter d'être là, non ?

– Bien sûr. Donne-moi ta main, je vais te masser sur des points sensibles qui sont reliés à l'estomac. Ça te soulagera sûrement. Ferme les yeux.

Théo se met alors à masser ma main, longuement. Il s'y connaît bien en points d'acupuncture, mais même si ce n'était pas le cas, je lui aurais prêté ma main sans qu'il n'ait besoin de me le demander une deuxième fois. C'est précisément pour ça que j'essaye d'éviter depuis le début les contacts physiques entre nous, à cause de cette décharge chimique que cela déclenche en moi à chaque fois et qui me transforme en un pantin à la merci de mes instincts. Enfin, j'essayais… jusqu'à notre virée en moto de l'autre jour.

Depuis, j'y arrive beaucoup moins.

J'essaye de me concentrer sur les endroits sur lesquels il exerce une pression, d'abord dans la paume de ma main, puis sur le bout des doigts, mais tout ce que je ressens, c'est la douceur de sa peau contre la mienne et l'envie de cette main sur mon visage, dans ma nuque, sur tout mon corps… Quelque chose en moi continue à résister pourtant, ma conscience sans doute, et en sentant ses gestes devenir plus sensuels, je rouvre les yeux et je retire doucement ma main des siennes en lui adressant un sourire complice.

Je me sens mieux, c'est certain, même si je crois que son talent de masseur n'a rien à voir avec ça. Je me demande pourquoi je continue à le voir si je ne veux rien de plus, pourquoi je m'obstine à m'infliger cette frustration, pourquoi lui l'accepte. Il m'aide à mieux vivre ma relation avec Julien, c'est sûr, et ce que je ressens quand je suis avec lui met du piment dans le calme ennuyeux de ma vie de couple, et du désir là où il ne reste que de l'habitude. Mais je ne sais pas si ça peut fonctionner longtemps comme ça.

Je lui propose d'aller marcher un peu, pour prendre l'air. Je veux surtout nous extraire de cette atmosphère un peu trop charnelle qui vient de s'installer autour de nous. Les discussions s'enchaînent alors, sur les livres, le cinéma, la musique, les cours auxquels je devrais être en ce moment mais auxquels j'ai préféré sa compagnie…

On tourne autour de nous comme on danserait au-dessus du vide.

Il suffirait que l'un de nous ose ce pas défendu vers l'autre pour que tout bascule. Alors, pour qu'il ne tente pas de réduire le peu de distance qu'il reste entre nos deux corps, j'essaye de lui faire comprendre que j'aime Julien et que je ne veux pas le trahir, mais je ne suis pas certaine d'être très convaincante. Très convaincue non plus.

Je n'y peux rien, il a cette façon si particulière de me regarder, de me sourire, qui me donne l'impression d'avoir un pouvoir total sur lui, sur son désir. C'est quelque chose que je ne ressens plus depuis longtemps avec Julien. D'ailleurs, je ne suis même plus sûre de l'avoir ressenti un jour.

Julien est entré dans ma vie en me proposant l'amour et la sécurité dont j'avais besoin à ce moment-là, d'où qu'ils viennent. Je rêvais de quelqu'un qui viendrait me sauver, m'arracher à la boulimie et au désespoir.

C'est ça le problème quand on aime une personne pour ce qu'elle nous apporte plutôt que pour ce qu'elle est. Un jour, on finit par trouver en nous ce qui nous manquait, parce que c'est toujours là que ça se trouve en fait, et alors on n'a plus besoin d'elle. C'est juste de l'amour-propre, au fond.

Avec Théo, c'est tout le contraire. Ce n'est plus de sécurité mais de danger qu'il s'agit. Ce n'est pas mon cœur qui s'exprime mais mon corps, pas mes émotions mais mes instincts.

J'étouffe sous ce trop-plein de sécurité. Désormais, c'est de vie dont j'ai besoin.

La journée est belle mais froide. Un temps que j'apprends à aimer. Un ciel bleu qui s'ouvre sur l'infini et donne envie de croire que tout est possible, et un froid presque glacial qui nous empêche de trop nous perdre. Enfin, je crois…

25.

« Si nous connaissions les autres comme
nous-mêmes, leurs actions les plus condamnables
nous paraîtraient mériter l'indulgence. »
André Maurois

Mademoiselle,

Je vous prie de bien vouloir vous présenter devant le conseil de discipline qui se réunira le:

Vendredi 12 mai
À l'université Paris Diderot
5 rue Thomas Mann
75013 Paris

À cette occasion, vous serez entendue par les membres du conseil qui auront à statuer sur votre situation suite aux faits qui vous sont reprochés.

La lettre a failli partir à la poubelle, coincée entre une publicité pour une compagnie d'assurance et le nouveau catalogue Ikea.

Je me demande si ça n'aurait pas été mieux comme ça d'ailleurs.

Je sens l'angoisse s'emparer de moi. J'ai peur, j'ai honte.

Je devine ce que l'on me reproche et j'appréhende de devoir m'en justifier.

Je ne suis pas quelqu'un de malhonnête, je ne suis pas une tricheuse. Pourtant, c'est ce que dit cette lettre, et c'est ce dont je vais devoir me défendre devant mes professeurs.

J'ai mal agi oui, c'est vrai. J'ai demandé de l'aide sur Internet, sur un forum en ligne, au sujet d'un devoir à faire à la maison auquel je ne comprenais rien. J'aurais préféré le faire moi-même, me débrouiller seule, mais je n'en étais pas capable. Mon état de santé, ma fatigue, mes difficultés de concentration et tous les cours que cela m'a amenée à manquer…

C'était ça ou échouer. Inconcevable.

Mes professeurs connaissent mes difficultés. Il y a plusieurs mois de ça, mon médecin a rédigé une lettre à leur attention pour leur expliquer mon incapacité à suivre les cours de la même manière que les autres et mes possibles absences répétitives.

Mais cela ne me donnait pas le droit de déroger au règlement, je le sais bien. J'ai demandé de l'aide, j'ai obtenu une bonne note, et évidemment, l'étonnante exactitude de ma réponse à ce qui était un problème complexe ne correspond pas à mon profil absentéiste. Ils se doutent forcément que la réponse ne vient pas de moi et je me demande comment je vais pouvoir tenter de leur prouver le contraire. Certainement pas en leur expliquant le raisonnement qui m'a conduite à elle puisque j'en serais totalement incapable.

À moins que… à moins que quelqu'un n'ait vu le cours écrit au crayon à papier à l'intérieur de ma copie d'examen pendant le partiel de civilisation allemande… Je ne voulais pas tricher, vraiment pas, je m'étais sentie tellement mal à l'aise pendant cet examen… Chaque fois qu'un surveillant me regardait, j'avais l'impression qu'il lisait ce que j'étais en train de faire dans mon regard. Je le connaissais pourtant, mon cours. Je l'avais appris par cœur, comme je l'ai toujours fait pour tous les contrôles dans toutes les matières, sauf que j'ai de plus en plus de mal à me concentrer. Apprendre par cœur me demande désormais une énergie gigantesque, et même quand j'y parviens, je ne suis pas à l'abri d'un trou de mémoire, d'un bug du système. Je ne peux plus me fier à ma mémoire, elle me joue trop souvent des tours depuis quelque temps. Je ne veux pas échouer. Je ne peux pas. Ce que je veux, c'est en finir le plus vite possible avec les études, avec l'école. Je veux que l'on me donne ce diplôme qui ne me servira sûrement à rien puisqu'il ne correspond pas du tout à ce que j'ai envie de faire dans la vie, mais qui viendra clôturer ces nombreuses années de souffrance.

Je veux recevoir ce diplôme pour que la page se tourne sur une histoire douloureuse mais qui finit bien.

C'est tout ce que je veux, je me moque éperdument du reste. Mais mes professeurs sauront-ils l'entendre ? Le comprendre ? Que vais-je devenir si ce n'est pas le cas ?

Je me rends compte que le rendez-vous a lieu dans cinq jours. La lettre a dû arriver il y a un petit moment déjà. Il était temps que je la découvre.

Je ne me sens pas la force de rester avec cette angoisse dans le ventre, j'ai besoin de réconfort.

Quelques paquets de gâteaux plus tard, l'estomac rempli puis vidé, mes émotions anesthésiées, je me sens mieux.

Je m'installe alors dans le canapé, Pompon sur les genoux, et je me prélasse dans la prose mélancolique de Fernando Pessoa, cet écrivain et poète portugais du XXe siècle que j'ai découvert il y a quelque temps à travers *Le Livre de l'intranquillité*, que j'ai instantanément adoré. *Je suis donc ainsi fait, futile et sensible, capable d'élans fougueux qui m'absorbent tout entier, bons et mauvais, nobles et vils – mais jamais d'un sentiment durable, jamais d'une émotion qui persiste et qui pénètre la substance de l'âme. Tout en moi tend à être aussitôt autre chose ; une impatience de l'âme contre elle-même, comme on peut l'avoir contre un enfant importun ; une intranquillité toujours plus grande et toujours semblable. Tout m'intéresse, rien ne me retient.* Je voudrais vivre dans ses mots, m'envelopper de la mélodie qu'ils composent tant ils résonnent avec force dans chacune de mes cellules. Je les dévore page après page, je me sens comprise, enfin. Je ne sais pas vivre sans drames, j'en suis arrivée à ce constat. La souffrance est devenue mon essence, mon alibi. C'est elle qui me donne une consistance, une légitimité. Dans le bonheur, j'ai peur de me perdre, peur que l'on m'oublie. *Qui donc me sauvera d'exister ?*

En lisant ces fragments de texte, je n'ai pas la sensation de m'abstraire du réel. C'est comme si, au contraire, le flou de mon existence se dissipait enfin. Comme si je prenais enfin sens, que le monde s'éclairait.

Les livres ont toujours fait partie de ma vie. Fernando Pessoa est arrivé plus tard. Au bon moment. Je crois que les choses en général, les êtres aussi, arrivent dans nos vies quand nous sommes prêts à les accueillir.

Vivre me fait mal. Oui, je me sens comprise. Au milieu de ces mots, je m'abandonne au temps qui passe et qui n'attend rien de moi.

26.

« La vertu paradoxale de la lecture est de nous abstraire du monde pour lui trouver un sens. »
Daniel Pennac

Depuis quelques mois, je rédige des critiques de livres et de spectacles pour un magazine culturel mensuel. À force de lire, j'ai eu moi aussi envie d'écrire quelque chose. Ce ne serait pas un roman à la Hitchcock, comme l'avait prédit un de mes professeurs de français au lycée dans une annotation sur l'un de mes devoirs d'expression écrite, mais ce serait déjà ça. J'avais trouvé l'annonce sur Internet, et ma plume avait immédiatement convaincu la rédaction.

Depuis que je fais partie de l'équipe, je reçois des montagnes de livres de nombreuses maisons d'édition. Je passe des heures à les dévorer, souvent plusieurs par semaine. C'est devenu l'un de mes refuges.

Un autre lieu de vie par procuration, parce que parfois encore j'ai besoin de fuir tout ce qui m'arrive et tout ce qui ne m'arrive pas, même si je parviens plutôt bien à me mentir au quotidien, à me mettre des œillères.

J'ai l'impression d'être moins malade qu'avant parce que je me suis remise à vivre, en parallèle, à me nourrir d'autre chose. Mais lorsque je me mets à y réfléchir vraiment et à regarder la réalité en face, c'est toujours à peu près pareil.

C'est juste que j'ai décidé de fermer les yeux sur cette partie de mon être.

C'est juste que j'ai renoncé à guérir et que je ne veux pas me l'avouer.

Exactement comme l'héroïne de ce livre dont je viens de terminer la lecture et qui m'a mise très en colère.

Il parle de troubles du comportement alimentaire. Ce n'est pas le sujet préféré des écrivains, alors à la découverte de ce livre dans une émission de télé, je m'étais précipitée pour l'acheter. Celui-là, je voulais le lire pour moi. J'espérais y trouver de quoi me donner envie de reprendre le combat, de quoi m'ouvrir les yeux à nouveau. Mais les mots de cette ancienne mannequin reconvertie en écrivain n'ont fait que me conforter dans mon choix de vivre avec, de dédramatiser.

Le message du livre pourrait se résumer à ces quelques mots : ce n'est pas si grave. Et même pire : on ne peut pas en guérir de toute façon. Une croyance que j'ai nourrie pendant des années, derrière laquelle je me cache encore parfois pour justifier mon abandon.

Ses mots m'ont mise dans une rage folle.

Pas tant ceux qu'elle a écrits que ceux qu'elle n'a pas écrits. Comment peut-on profiter de sa notoriété pour passer un tel message ? Comment peut-on connaître ces maladies de l'intérieur et en parler de la sorte ?

Bien sûr que si c'est grave la boulimie, l'anorexie ! C'est répugnant, c'est destructeur, et absolument rien de tel n'était exprimé au fil des pages. Elle en parle même si peu, en réalité !

Je ne lui en veux pas que pour moi, d'avoir écrit ce livre. Je lui en veux pour les centaines, peut-être même les milliers d'enfants et d'adolescents qui n'en sont qu'à flirter avec ces maladies ; toutes ces âmes fragiles pour qui il est encore temps de faire le bon choix mais qui, à la lecture de ces lignes, auront presque le sentiment de pouvoir poursuivre sans crainte leur chemin dans cette direction, sans aucune idée de l'enfer qui les attend.

Parce que l'enfer n'est nulle part dans ce livre, alors que c'est exactement de ça qu'il parle.

Parce qu'elle aurait dû les dégoûter, les prévenir,

les rassurer, leur donner envie de faire demi-tour et, surtout, leur faire comprendre que tout n'est qu'illusions au pays des troubles alimentaires. Oui, c'est ce qu'elle aurait dû faire, au lieu de se résigner de la sorte et les inviter – nous inviter – à en faire autant.

Mais comment aurait-elle pu écrire tout ça, alors qu'elle-même a fait le choix d'arrêter de se battre... Car c'est évident, même si je l'ai entendue dire le contraire dans cette émission : cette jeune femme à la beauté ensorcelante n'est pas guérie.

Après avoir refermé ce livre, je me suis promis une chose, moi qui déteste pourtant les promesses. C'est fait pour rendre les enfants joyeux, il dit, mon père.

Je me suis promis d'écrire moi aussi, un jour. Oui, quand j'aurai enfin gagné ce combat, j'écrirai un livre qui racontera tout, qui n'embellira rien.

Je vomirai des mots pour rendre la vie plus digeste.

J'écrirai le livre que j'aurais voulu lire il y a des années déjà et qui, qui sait, m'aurait peut-être sauvée...

27.

« La violence qu'on se fait pour demeurer fidèle à ce qu'on aime ne vaut guère mieux qu'une infidélité. »
François de La Rochefoucauld

« J'ai envie de te voir… »

Les mots sont simples, clairs, sans équivoque.

Ce message est différent des autres, lourd d'implicite. C'est un message qui ne fait plus semblant. J'y ressens l'urgence d'un désir, je laisse le frisson qui traverse alors mon corps inspirer ma réponse.

Voir Théo me fera du bien et me changera les idées.

Je lui dis que je suis disponible l'après-midi même. Il me propose de venir déjeuner chez lui.

Je ne suis jamais allée chez lui. Mesure de précaution pour nous empêcher de dépasser les limites que j'hésite maintenant à franchir. Que se passera-t-il si nous nous retrouvons complètement seuls, à l'abri des regards, du monde, de nos vies ?

Je lui réponds que je suis libre et que je serai là d'ici une heure.

On verra bien.

Sur le trajet qui m'amène jusqu'à chez lui, pour la première fois, je ressens une légère appréhension. À moins que ce ne soit un peu de culpabilité, je ne sais pas.

Je me suis faite jolie. Je veux dire, un peu plus que d'habitude.

J'ai relevé mes cheveux en un chignon un peu défait, pour dévoiler l'épaule sur laquelle mon chemisier tombe à peine, avant de m'envelopper d'un voile de parfum aux notes sucrées. Pour une fois, je n'ai rien mis sur mes lèvres.

Juste avant d'arriver, j'envoie un message à Julien pour lui dire que je passe l'après-midi avec une amie et que je pense à lui. Puis je suis les indications que m'a données Théo pour rejoindre son appartement. Après cinq minutes à marcher sous le soleil brûlant d'un mois de mai à la hauteur de ses promesses, j'arrive enfin devant sa porte. Je presse du bout des doigts le bouton de la sonnerie, je sens mon cœur s'accélérer lorsque le bruit métallique de la clé dans la serrure vient rompre le silence et que je vois la porte s'entrouvrir sur son sourire.

Je souris à mon tour lorsque, en refermant la porte derrière moi, il laisse échapper un : « Tu es particulièrement jolie aujourd'hui. »

Je découvre alors l'endroit où il vit. La première chose qui me frappe, c'est la décoration vieillotte et tous les bibelots inutiles qui trahissent l'absence totale de vie de couple depuis longtemps déjà. Me revient alors à l'esprit que Théo a douze ans de plus que moi, même si j'ai eu du mal à le croire lorsqu'il me l'a appris tant il paraît beaucoup plus jeune… Je me dis que peu de filles ont dû venir ici, et je trouve ça étrange pour un homme aussi attirant et séducteur.

Il me tire rapidement de mes rêveries pour me proposer un thé froid en attendant que le déjeuner soit prêt. Avec cette chaleur, je ne dis pas non, et je m'installe à la table de la cuisine pendant qu'il termine de préparer le repas.

Je lui raconte alors l'épreuve que je viens de traverser, le retour de mon frère dans ma vie, mes ennuis de santé. Enfin, ceux liés à ce choc évidemment, car il ne sait pas que je vomis régulièrement et que ce corps qui a l'air de tant lui plaire est soumis à bien des violences de ma part. Il m'écoute attentivement, me pose des questions, je sens que cela l'intéresse vraiment, qu'il a envie de comprendre.

Julien n'est pas vraiment du genre à creuser ou à chercher à savoir si ça va mieux, lui. C'est pas qu'il s'en moque, non, mais ça ne lui vient pas à l'esprit, il se contente de ce qu'il voit et il en tire ses conclusions. Cela me frustre souvent car j'ai l'impression qu'il ne sait pas comment je vais vraiment, qu'il ne s'intéresse pas à moi. Alors ça me réconforte de sentir que quelqu'un est vraiment là pour moi, pour m'écouter, pour me soutenir. Je me sens plus légère et apaisée.

Le repas terminé, Théo me propose d'aller nous asseoir dans le canapé du salon car c'est plus confortable, dit-il. Il n'a pas tort. Je m'y installe, assise de côté, le buste tourné vers lui, les jambes repliées sous mes fesses et un bras accoudé sur le haut du canapé. Pendant un peu plus d'une heure, nous parlons musique, l'un de nos sujets favoris. Sauf que cette fois, nous avons le son en plus. À tour de rôle, nous nous faisons découvrir nos chansons préférées, dans des styles très variés, et je me rends compte que nos goûts sont encore plus similaires que je le croyais. Nos regards se fuient un peu lorsque certaines chansons parlent de choses qui ressemblent à nous, ou qui le pourraient…

Les stores du salon sont aux trois quarts baissés pour empêcher les rayons du soleil de trop envahir l'espace, mais la chaleur est quand même là, bien présente au creux de mes reins. Plus les minutes passent et plus de longs moments de silence se font, durant lesquels plus rien d'autre n'existe que la musique et ces paroles de chansons que nous choisissons de moins en moins au hasard. La musique, et une espèce de tension sexuelle qui transforme totalement l'atmosphère de la pièce, qui ralentit nos gestes, qui me fait un peu perdre pied. Je sens que quelque chose est sur le point de basculer, que ma raison m'abandonne peu à peu, et je suis même forcée de m'avouer que si rien ne se passait dans les prochaines minutes, j'en serais certainement très frustrée.

Sans doute a-t-il lu dans mes pensées car, à ce moment précis, alors que je change de position pour soulager une légère tension dans les épaules, il me demande si je veux qu'il me masse un peu, pour détendre le haut de mon corps. Je ne sais que trop le pouvoir de ses mains. Mon corps a déjà répondu oui bien avant que le mot ne s'échappe timidement de mes lèvres.

Le contact de ses doigts sur ma peau fait monter la température en moi de quelques degrés encore, et je ne suis plus très sûre d'être toujours maître de moi-même.

Un léger frémissement me saisit lorsque je sens ses mains plonger dans le creux de mes épaules. L'a-t-il senti ? Se souvient-il de la conversation que nous avions eue à ce sujet et pendant laquelle je lui avais confié que le massage était un acte intime et puissamment charnel à mes yeux ? Un acte dont l'effet sur moi était assez proche d'une sensation de plaisir absolu…

Je me sens m'évaporer, flotter dans un état second à mesure que ses mains larges et assurées pétrissent mes épaules, glissent le long de mon cou, caressent le haut de mes bras avec beaucoup de douceur, tandis qu'à certains moments ses doigts se referment sur moi avec un peu plus de fermeté. J'y perçois un soupçon d'animalité et je ferme les yeux pour m'abandonner totalement à ces sensations, tandis que je sens de temps à autre son souffle courir sur mon cou offert.

Quelques minutes plus tard, nous sommes à nouveau assis côte à côte sur le canapé, mais nos corps sont cette fois-ci tournés l'un vers l'autre, comme pour réduire un peu l'espace qui les sépare pour encore quelques instants seulement.

– Je vais t'embrasser, parce que j'en meurs d'envie. Si tu ne veux pas, repousse-moi simplement et je n'insisterai pas.

Ces mots qu'il vient de prononcer avec la plus grande sérénité viennent consumer la mèche que ses mains glissant sur mon corps ont allumée quelques minutes plus tôt. Je sais que tout va aller très vite, qu'il me faut être sûre de moi, que ce que je ferai ou ne ferai pas dans les secondes qui vont suivre aura le pouvoir de bouleverser la suite de mon existence.

Et tandis que je vois son corps pencher lentement vers moi, les mots de ma psy me reviennent et se chargent de balayer mes dernières hésitations.

« Laissez votre désir s'exprimer… »

Le visage de Julien m'apparaît alors, un peu flou, puis s'évanouit à l'instant même où les lèvres chaudes de Théo se posent sur les miennes…

28.

« La vie n'est pas un rêve. Je suis atteinte. Vous
m'avez réveillée. Vous m'avez saisie. Un coup dans la
tête, un coup dans le ventre, là où le désir naît,
là où il grandit avant de tout dévaster.
C'est d'une violence inouïe. Mais rien
n'a jamais été aussi doux. »
Laurence Tardieu, *Un temps fou*

Dans le train de banlieue qui me ramène à la maison, mes pensées vagabondent et je renonce à aller plus loin dans la lecture du livre dont je viens de relire trois fois le même passage.

Ma vie vient de changer, je ne serai plus jamais la même. Cela va bien au-delà du cadre de cette relation. Je me demande comment je vais pouvoir vivre avec cette culpabilité d'avoir trompé l'homme qui partage ma vie, et en même temps, je ne peux nier que je viens de passer l'un des moments les plus agréables de mon existence et que je pense déjà à la prochaine fois…

Jamais je ne me suis sentie aussi vivante, jamais je n'ai senti chaque atome de mon corps exulter de la sorte. Théo m'a longuement embrassée, une première fois. Un baiser comme une simple proposition avant un silence, un peu de distance… Puis ma réponse que j'ai déposée sans tarder sur ses lèvres. Un second baiser comme un aveu, une libération, un accord silencieux aussi. J'ai tout de suite compris que ce qui se passait à ce moment précis allait tout changer.

Pas simplement dans ma vie, mais aussi en moi.

Ce à quoi je venais de goûter était beaucoup trop délicieux pour que je me résigne à vivre sans désormais. Mais je n'avais pas envie de penser à ça pour le moment, je voulais simplement m'enivrer de cette passion, me laisser transporter dans un ailleurs si lointain que plus rien d'autre n'existerait alors. Même la musique avait fini par s'arrêter. Nous étions devenus la musique dont nos corps battaient la mesure.

Nous avons recommencé, encore et encore, jusqu'à ce que la lumière du jour faiblisse suffisamment pour m'informer qu'il était temps que je parte. Nos baisers étaient remplis d'une passion et d'une fièvre que je n'avais jamais connues jusqu'alors, à tel point qu'il m'avait été difficile de refuser d'aller plus loin tandis que ses mains agiles étaient parties en quête d'autres territoires… Mais le pas que nous venions de franchir était déjà bien assez grand pour moi, je n'étais pas sûre d'être prête à m'aventurer au-delà, de vouloir investir tout mon corps dans une autre histoire, une histoire secrète, interdite. Même si ce que nous venions de vivre me rendait déjà ivre de plaisir et de désir.

C'était certainement ça, d'ailleurs, qui me mettait dans un tel état et qui m'avait poussée à faire l'impasse sur mes valeurs et mes principes : le désir. Je ne l'avais jamais ressenti auparavant.

Jamais comme ça en tout cas.

Avec Julien, le plaisir s'était parfois invité au début de notre histoire, sur la pointe des pieds, mais le désir était lui le grand absent de notre relation. J'en étais arrivée à me convaincre que c'était certainement ça le couple, à la longue, et que je pourrais faire avec, ou plutôt sans du coup. Mais je sais désormais que ça me sera impossible. Pas après avoir perçu ce feu de vie et d'envie en moi.

Ce corps que je malmène depuis tant d'années vient de m'offrir les plus belles sensations qui soient, et je n'ai qu'une seule envie : ne plus vivre que pour elles.

29.

« La conscience ? Elle n'empêche jamais
de commettre un pêché. Elle empêche
seulement d'en jouir en paix. »
Theodore Dreiser

J'ai poussé la porte de l'appartement avec une appréhension évidemment peu habituelle. La trahison pouvait-elle se lire sur mon visage ? Et si Julien remarquait ce parfum d'homme qui imprégnait encore mes vêtements ? Et s'il me questionnait suffisamment pour me mettre mal à l'aise ?

Je me suis rapidement détendue en le voyant. Bien évidemment qu'il ne remarquerait rien. Je pourrais lui mettre les choses sous les yeux qu'il ne les ouvrirait même pas. Je n'avais aucune inquiétude à avoir et, en même temps, je lui en voulais de ça, de ce manque d'attention, de cette confiance aveugle qui nous plongeait dans un ennui mortel. J'aurais voulu d'un homme un peu jaloux, qui se soucie de l'effet que pourrait avoir celle qu'il aime auprès des autres hommes. J'aurais voulu qu'il me regarde comme s'il me voyait pour la première fois et qu'il me trouve tellement jolie qu'il en perdrait les mots, et puis on s'en foutrait parce que les mots, c'est pas toujours ce qui compte le plus.

Mais la réalité m'apparaît un peu plus violemment que d'habitude lorsqu'il me gratifie à peine d'un regard et m'embrasse du bout des lèvres avant de retourner à l'écran de son ordinateur. Même Pompon est bien plus heureux de me retrouver si je me fie à la manière dont il se frotte inlassablement à mes jambes, les yeux mi-clos.

Je n'aurai pas besoin de mentir à Julien puisqu'il ne me demandera rien. Ma culpabilité s'évanouit un peu à ce moment-là. Après tout, je n'en suis pas arrivée là par hasard.

On creuse des gouffres d'incompréhension et on y enterre l'amour.

Je crois avoir tout essayé pour sauver notre couple durant les trois dernières années, mais je ne suis même plus sûre qu'il y ait quelque chose à sauver. Je ne suis même plus sûre que ça doive fonctionner comme ça un couple, que ça nécessite de se battre. Peut-être qu'il n'y a rien d'autre à faire que d'avoir le courage de se dire qu'on ne partage pas la même vision de l'amour, les mêmes attentes envers l'autre. À moins que ce ne soit simplement moi qui ai grandi, mûri.

Et puis, peut-être qu'il n'y a aucune raison après tout. Peut-être que ça arrive, parfois, que les jours se suivent mais ne nous rassemblent pas.

Je m'installe alors moi aussi devant mon écran d'ordinateur pour parfaire ce triste tableau. Je consulte mes mails et découvre un nouveau message de mon frère qui me redonne le sourire.

Il est d'accord pour que nous dînions ensemble le lendemain soir et me propose une pizzeria qu'il connaît en bord de Seine et dans laquelle j'ai déjà eu l'occasion d'aller. On y mange bien, mais peu importe.

Je lui réponds dans la foulée et note la date dans mon agenda, heureuse. Je suis sur le point d'aller voir Julien pour partager cette nouvelle avec lui, mais je réalise qu'il ne m'a posé aucune question depuis le fameux jour où mon frère a repris contact avec moi. Il n'a aucune idée de comment je me sens, il ne sait rien des émotions qui m'animent. C'est peut-être parce qu'il est fils unique qu'il ne peut pas comprendre ce que je ressens, ou peut-être que ça ne l'intéresse pas. Alors je me rassieds, je prends mon téléphone et j'envoie un message à Théo. Quelques secondes plus tard, il me répond qu'il est heureux pour moi et qu'il attendra impatiemment que je lui raconte. Il ajoute qu'il a adoré cette journée, et le goût de mes lèvres…

Ses mots me font sourire.

Julien me rejoint un peu plus tard, je l'écoute me raconter sa journée de travail et je sens mes épaules se crisper lorsqu'il me parle de Théo. Je sais qu'ils ne sont pas très proches l'un de l'autre, mais comme ils travaillent ensemble, il arrive fréquemment que son prénom passe dans nos conversations. Et puis il sait que nous nous entendons bien et qu'il nous arrive de discuter lui et moi, par messages, ou lorsque je viens le chercher au travail, de plus en plus souvent…

Je n'ai jamais su ni aimé mentir, mais désormais je n'ai plus le choix, alors j'apprends. Et je suis assez étonnée du naturel avec lequel j'y parviens.

Vers 23 h 30, lorsque je me dirige vers la chambre pour aller me coucher, j'entends le bruit de la douche s'échapper de la salle de bains. Puisque Julien a pour habitude de se laver le matin, je sais ce qu'une douche nocturne laisse présager…

Je m'enroule un peu plus dans les draps à cette idée, comme pour m'en éloigner au maximum. En vain.

Comme je m'y attendais, il me rejoint dix minutes plus tard et se colle à moi pour me faire sentir son désir. Ses doigts filent en une caresse le long de mon bras avant qu'il ne vienne déposer un soupir dans le creux de mon cou, sans se douter un seul instant qu'aucun de ses gestes n'a plus le moindre effet sur moi... Cela fait bien longtemps que mon corps ne réagit plus au sien, mais un sentiment d'obligation s'empare de moi, de culpabilité aussi peut-être, et je sais que je vais quand même lui donner ce dont il a envie parce que ce sera beaucoup plus simple comme ça.

Je laisse son corps recouvrir le mien en simulant un minimum de plaisir pour que cela ressemble à une étreinte amoureuse, mais je ne ressens absolument rien, si ce n'est un peu de douleur de temps en temps et le sentiment pénible et déroutant de subir quelque chose d'incestueux. Il prend son temps, veut faire durer ce moment duquel mon esprit s'est totalement absenté, laissant seulement mon corps à sa disposition. À plusieurs reprises, je profite d'un changement mécanique de position pour jeter un œil à la pendule qui semble me regarder elle aussi, avec compassion.

On devrait se rapprocher de la fin... Je prends mon mal en patience.

Quand enfin je me réapproprie mon corps, une quarantaine de longues minutes plus tard, il a l'air satisfait, heureux. Je lui adresse un timide sourire pour éviter qu'il me pose la moindre question. Mais à peine m'a t-il tourné le dos pour rejoindre la salle de bains que je sens une larme se faufiler sur ma joue. Je plonge la tête dans mon oreiller et laisse les autres s'écouler silencieusement. Il faut que je me ressaisisse vite, je ne veux pas qu'il me voie comme ça, je ne veux pas avoir à justifier ce malaise qui s'est emparé de moi, cette tristesse soudaine qui m'envahit après ce qui n'a plus rien d'un acte d'amour à mes yeux.

Heureusement, la lumière est éteinte et j'ai eu le temps d'éponger mes larmes quand il revient se mettre au lit et me prend tendrement dans ses bras. Je ne veux maintenant qu'une seule chose : m'endormir le plus vite possible et oublier ce qui vient de se passer.

Ne surtout pas mettre de mots dessus.

Surtout pas…

30.

« En nous, il y a à la fois la blessure de l'absence et le
mystère de la présence. Il y a le jamais plus
de la séparation et le toujours de l'affection.
Il y a la dureté de la rupture et la douceur
de la reconnaissance. »
Francine Carrillo

Aujourd'hui, j'ai promené mon sourire dans les rues de Paris et j'ai dessiné des soleils avec mes yeux au-dessus des gens qui avaient le regard pluvieux. J'ai souri aux âmes perdues qui semblaient guetter dans le ciel gris un éclat de lumière improbable. J'aurais aimé leur dire de chercher en eux plutôt, c'est souvent là que se cache le soleil. Personne n'y pense.

Aujourd'hui, je ne voulais pas que Paris ait mal au cœur. Parce qu'aujourd'hui est le dernier jour d'absence.

Et ça tombe bien car ça n'avait rien de confortable, l'absence.

Je ne sais pas si on peut reprendre une place que l'on a abandonnée, mais sans doute qu'on peut en prendre une autre et la rendre tout aussi confortable. Je me sens pousser des ailes. J'ai quitté l'appartement le sourire aux lèvres, et je me retiens de courir pour arriver plus vite au lieu de rendez-vous malgré ma bonne demi-heure d'avance.

27 minutes de trajet.

Je découvre que 27 minutes peuvent durer 2 h.

Assise dans le métro, la tête posée contre la vitre, j'observe les visages étrangers qui m'entourent avec une attention un peu différente. Je tente de déchiffrer l'histoire que renferme chacun d'eux, peut-être aussi douloureuse que la mienne, peut-être beaucoup plus dramatique, ou au contraire plus légère ; j'essaye de lire tout ce que ces mines figées dissimulent de joie, de peine, d'angoisse, de doutes, d'appréhensions, de rêves, d'espoirs, de déceptions, de désirs secrets, de souffrances… Nous sommes tous partis avec nos propres bagages vers des destinations différentes, mais nous partageons le même trajet en cet instant. Et ce soir, ces visages me semblent tous familiers.

Je me demande ce que je vais lui dire.

C'est vrai ça, qu'est-ce qu'on dit à quelqu'un que l'on n'a pas vu depuis cinq ans ? Je pourrais commencer par lui dire qu'il m'a manqué, ou peut-être lui demander pourquoi. À moins que je ne lui dise simplement pourquoi il m'a tant manqué…

Peut-être qu'il nous faudra commencer par des choses plus banales, se dire qu'il fait encore un peu frais pour la saison mais que les jours rallongent et que ça c'est vraiment agréable, avant de se raconter le reste, ce qui compte vraiment.

Est-ce que je lui parlerai de moi spontanément, comme ça ? Un « au fait, je vis avec quelqu'un depuis trois ans (c'est moins loin que cinq, tu remarqueras), il s'appelle Julien et j'espère pouvoir te le présenter bientôt », lancé l'air de rien, entre deux verres d'eau parce qu'il n'a jamais bu d'alcool. Mais peut-être qu'il en boit maintenant, j'en sais rien après tout.

Ou alors j'attendrai qu'il me pose une question, ce sera plus simple.

Est-ce que je saurai lui demander comment va sa famille ensuite – je veux dire celle qu'il a construite sans nous – ses enfants, sans lui reprocher de m'avoir empêchée de faire partie de leur vie ?

Prochaine station : Quai de la Gare.

Il est temps de me diriger vers les réponses.

Je m'excuse auprès de ma voisine de transport qui

replie alors un peu les jambes sous son siège pour me permettre de passer, et je m'extraie du wagon tout juste avant que le signal sonore retentisse et que les portes se referment sur un autre voyage, une autre destination et les notes virevoltantes d'un accordéon.

À mesure que je me rapproche du lieu de rendez-vous, mon cœur cogne de plus en plus fort dans ma poitrine, mais je ne veux pas lui ouvrir tout de suite. C'est trop tôt.

Je regarde tout autour de moi, mais je ne vois pas mon frère. Je suis arrivée la première, pour l'attendre encore un peu, comme si toutes ces années n'avaient pas suffi. Je me demande à quoi il ressemble depuis tout ce temps, s'il va me reconnaître, s'il me prendra dans ses bras, si je suis jolie, si j'ai bien fermé la porte à clé, si je…

Il est là.

Je reconnais sa silhouette, sa démarche, son visage, son sourire… Le temps n'a pas réussi à effacer ces éléments si familiers. Il s'apprête à traverser la route et, le temps qu'il parcoure les derniers mètres qui nous séparent, je regarde mes pieds, le ciel, la voiture qui s'arrête pour le laisser passer, mes pieds encore une fois, et puis…

Je me blottis contre lui pour étouffer à jamais ces 2020 jours d'absence en même temps que quelques sanglots. Il m'entoure de l'un de ses bras et me frotte le dos comme pour me dire « Ça va aller maintenant, je suis là. »

Je me ressaisis rapidement et je lui adresse un sourire. Je découvre alors son visage maigre et fatigué. Il n'a l'air ni particulièrement heureux, ni malheureux. Je réalise que j'ai tout à réapprendre de sa vie, de lui, de nous.

Sa ressemblance avec notre autre frère me frappe, et alors qu'il m'adresse ses premières paroles, je suis déstabilisée par la similarité de leur voix aussi.

Le jour commence à s'échapper doucement, sans bruit. Nous entrons dans le restaurant et nous installons à une table près du grand feu de bois dans lequel des pizzas sont en train de cuire. Nous restons silencieux tandis que le serveur nous tend le menu puis allume la bougie qui éclaire notre table. C'est un lieu et un moment parfait pour des retrouvailles. J'aime la nuit qui embellit, la pénombre, les atmosphères qui nous enveloppent dans un cocon, les petites lampes que l'on allume aux quatre coins de la pièce pour ne pas brutaliser l'espace, pour préserver un peu de mystère, pour adoucir le réel. Mon père, lui, il préfère les grandes lumières, pour voir ce qu'il y a dans son assiette, il dit toujours.

Mon frère et moi passons la soirée à combler le vide qui s'était installé entre nous, à rattraper le temps qui avait fini par nous semer, à parler de nos vies avec toujours beaucoup de pudeur et de prudence. Nous échangeons quelques sourires furtifs mais un peu complices quand même, nous parlons de tout et de rien comme le feraient des frères et sœurs qui ne se sont jamais quittés, sans aucun malaise.

Je m'absente quelques minutes pour aller vomir la pizza quatre fromages que je viens de manger et remettre un peu d'ordre dans mes cheveux, puis je lui raconte la douleur qu'a été son départ, et presque plus encore son retour. Je veux qu'il me rassure, qu'il me dise qu'il ne me laissera plus, qu'il est revenu pour de bon, même si je sens bien qu'il a besoin que nous prenions notre temps pour reconstruire ce lien brisé, que nous ne précipitions rien. J'en ai besoin aussi. Mon corps se remet à peine du choc, mon cœur réclame un peu plus de temps, de preuves d'affection, du son de sa voix.

J'aimerais comprendre pourquoi il nous a tous abandonnés, pourquoi il a choisi d'infliger cette souffrance à notre frère, à notre mère, mais je ne veux pas qu'il se sente jugé et que mes questions viennent remplacer le plaisir de nos retrouvailles par de la méfiance. Il faut laisser la flamme danser à son rythme, pour ne pas risquer de l'éteindre.

Je ne veux pas brûler les étapes.

Mais mon attention se fige soudainement et une décharge émotionnelle vient court-circuiter mon attention tandis qu'il évoque un souvenir.

« Un jour, j'étais rentrée à la maison en vélo, et maman m'avait dit que… »

Je n'écoute pas la fin de sa phrase.

Il a dit *maman*.

Ça me fait quelque chose. Il aurait pu dire *notre mère*, puisqu'il a lui-même choisi de la tenir en retrait de sa vie et que ça aurait été plus cohérent d'une certaine manière de la nommer en ces termes, mais il a dit *maman*. Un mot lourd d'amour et de tendresse, qu'on ne choisit pas par hasard. Je fais semblant de ne pas y avoir fait attention, mais au fond de moi je suis soulagée de me dire que ce choix, aussi cruel qu'il puisse paraître, n'était peut-être pas un choix du cœur.

Le temps passe vite et la soirée touche à sa fin.

Nous décidons de partir, il insiste pour m'inviter et, tandis qu'il se rend au comptoir pour payer, j'observe le couple assis à la table d'à côté. L'assiette de la femme est presque intacte, elle n'a même pas mangé un quart de sa pizza et la manière dont ses couverts sont disposés laisse à penser qu'elle a terminé son repas. Ce gaspillage m'exaspère. Pourquoi aller au restaurant, pourquoi commander une pizza si elle n'a pas faim ou un appétit d'anorexique ? Je laisse d'ailleurs mon regard glisser furtivement sur son corps et j'en conclus que c'est certainement ce qu'elle est. Ses joues sont légèrement creusées, son teint pâle, ses poignets si minces que je pourrais les encercler avec les doigts d'une main, mais c'est surtout son regard qui la trahit. Un regard dans lequel moi seule peut lire le combat qui se joue, entre l'envie de dévorer en quelques bouchées cette pizza qui la nargue avec sa pâte dorée et croustillante, et l'impossibilité totale d'infliger ça à son corps... Elle a un tout petit appétit, voilà ce qu'ils doivent tous croire. Un appétit de moineau. Et c'est mignon après tout un moineau, non ?

– Tu es prête ?

La voix de mon frère vient m'arracher à mes pensées. Alors que nous quittons la pizzeria, abandonnant la flamme dansante de notre bougie à son destin, il propose de me raccompagner en voiture. J'accepte, bien évidemment. J'ai l'impression d'entrer encore un peu plus dans sa vie lorsque je m'installe sur le siège passager, à côté de lui. Je fais tout pour essayer de ralentir le temps à cet instant, j'observe au maximum chaque détail qui nous entoure, chaque rue que nous traversons, mais la voix robotisée du GPS finit par me ramener à la réalité.

Vous êtes arrivés à destination.

Je voudrais la faire taire, cette voix.

Dans les films, ces moments-là semblent toujours chargés de tension. C'est même généralement le moment où il commence à pleuvoir à torrent et où les cheveux de l'héroïne viennent se coller à son visage pour la rendre terriblement sexy et vulnérable.

Ben, c'est pareil, en vrai, mais sans la pluie et tout ce qui va avec.

Je l'embrasse tendrement, je sors de la voiture, et je referme délicatement la porte parce que j'aime pas les portes qui claquent. Ça sonne comme des adieux.

Dans la voiture qui s'éloigne, je le vois se retourner pour m'adresser un dernier sourire accompagné d'un signe de la main que je lui rends.

Une vague d'angoisse me traverse alors.

La dernière fois qu'il est parti, je ne l'ai plus revu pendant cinq ans…

Pour combien de temps s'éloigne-t-il cette fois ?

À ce même instant, dans un restaurant au loin, la flamme d'une bougie s'éteint.

31.

« Le bonheur est une petite chose que l'on grignote, assis par terre, au soleil. »
Jean Giraudoux

– Alors ? Raconte ! C'était comment ?

Tout en caressant mon bras du bout des doigts, Théo écoute le récit de mes retrouvailles avec mon frère.

J'ai hésité à le revoir si tôt, mais je voulais partager ça avec quelqu'un qui saurait se réjouir de mon bonheur. Je voulais continuer à planer et virevolter au creux de cette douce euphorie.

Je voulais laisser se mélanger la joie, l'ivresse, la confiance, le désir.

Le désir, cet indomptable… En profiter peut-être pour perdre le contrôle.

Je suis heureuse, je crois que je n'ai jamais trouvé la vie si belle !

Théo ne m'a pas encore embrassée. Il m'a ouvert la porte et nous nous sommes fait la bise, comme d'habitude. Nous ne sommes pas un couple, c'est important de poser le cadre à chaque fois. Et puis, c'est agréable, cette attente à nouveau…

Nous nous sommes installés dans le canapé avec de la musique, comme la dernière fois, parce que nous n'avons plus besoin de faire semblant en nous retrouvant dans un endroit public désormais, et nous parlons depuis bientôt deux heures. Nous savons tous les deux que nous allons finir par nous rapprocher et laisser monter le désir, mais nous ne nous précipitons pas, nous laissons grandir l'envie, l'attente de ce qui ressemblera à un nouveau premier baiser.

Au fond de moi, je sens bien que c'est surtout pour ça que je suis venue. C'est surtout ça que je suis venue chercher. Ces crépitements au creux du ventre, ce vertige incontrôlable… Je n'ai plus envie de m'en passer.

Sans doute a-t-il lu l'impatience dans mon regard, ou peut-être a-t-il deviné l'invitation silencieuse que je venais inconsciemment de lui adresser en fixant quelques secondes de trop ses lèvres, car il s'est soudainement emparé de moi. Emparé, oui, c'est le mot.

J'ai immédiatement senti que si je ne voulais pas aller plus loin, je veux dire bien plus loin que la fois précédente, il me faudrait le dire tout de suite.

Le problème, c'est que c'est rarement une question d'envie dans ces cas-là. Bien sûr que l'envie est là, tout mon corps crie l'envie, ça ne fait pas l'ombre d'un doute. La vraie question arrive d'une autre partie du corps dont on se passerait vraiment bien parfois…

Ma tête me pousse à ralentir, ma conscience vient de s'en mêler, de s'emmêler peut-être aussi, et je ne sais pas si je réussirai à faire abstraction. Que se passera-t-il si je refuse d'aller plus loin que le flirt ? Et si ça ne lui suffisait pas ? Et si je perdais tout ça, tout ce qui vient de remettre de la vie dans mon quotidien ?

Et si je me laissais vivre, simplement ?

Le temps qu'une réponse me vienne, mon débardeur est déjà étalé sur le sol. Alors je me dis que je réfléchirai plus tard, quand j'aurai du temps à perdre.

32.

« Je ne sais plus rien de ma vie d'avant, je ne sais rien encore de celle qui commence. Plus rien n'existe que cet instant. »
Laurence Tardieu, *Un temps fou*

Ça fait quand même une drôle d'impression, la trahison, quand on est celui qui trahit. Pour le reste, je sais pas.

Ça fait une drôle d'impression, surtout quand la confiance est une valeur importante. Surtout quand c'est la première fois. Est-ce ce que je suis devenue quelqu'un de mauvais ? Devrais-je avoir honte ?

Théo et moi avons fait l'amour passionnément, comme cela ne m'était jamais arrivé auparavant.

Je me sens un peu coupable, oui, mais je sais aussi que rien n'arrive par hasard. Je sais que je vis quelque chose de nécessaire, et j'en assumerai les conséquences. Au moins, j'essayerai… Je n'ai voulu faire de mal à personne, je me suis seulement dit qu'il était temps que je me fasse du bien.

Parce que c'est ma vie aussi, au fond.

Et puis, je sais que cela n'a rien à voir avec l'amour. Pour moi en tout cas. On sent ces choses-là. Dans tous les sens du terme d'ailleurs, car je n'aime pas vraiment le parfum de Théo, et le sentir à présent sur ma peau ne m'est pas confortable. C'est une odeur tenace et envahissante, le genre de parfum qui cherche à tout recouvrir, sans nuances.

Aussi plaisants et stimulants que soient les moments que l'on passe ensemble, aussi intense que soit mon désir pour lui, je sais que je ne tomberai pas amoureuse de Théo. Ni aujourd'hui, ni plus tard.

Parce que je ne suis pas amoureuse de son parfum.

Je fonctionne comme ça, mes sens ne me trompent jamais. Lui, en revanche, a l'air de déjà tout trop aimer chez moi… Enfin, tout sauf mon engagement auprès d'un autre homme.

Je devine dans ses yeux et dans la douceur de ses gestes qu'il voit en moi bien plus qu'une source de divertissement.

Moi, j'aime me sentir l'objet d'un désir, j'aime avoir ce pouvoir et cette toute-puissance soudaine qui m'habite alors et donne à ma vie un relief inattendu. J'ai un peu le vertige, c'est intense, pas évident à digérer, mais qu'importe. Je vomirai ce qu'il y a en trop. L'important, c'est que la vie ait repris le dessus et que mon corps tienne le choc. Ce nouveau corps grâce auquel je suis devenue une femme qui peut attirer les hommes.

Aujourd'hui, j'ai franchi un nouveau cap et je sais que je ne pourrai plus jamais revenir en arrière. Je n'ai plus qu'à vivre avec, c'est la moindre des punitions lorsqu'on trahit quelqu'un qui nous fait confiance.

Jamais je n'avouerai à Julien que je l'ai trompé, parce que ça ne servirait à rien d'autre qu'à soulager ma conscience. À lui, ça ne ferait que du mal. Et notre couple n'y survivrait pas. Vivre avec le secret et la culpabilité sera ma peine.

Alors je joue l'étonnée lorsqu'il me raconte sa journée et s'étonne de l'agressivité avec laquelle Théo lui parle depuis quelque temps, sans raison. Je croise secrètement les doigts pour que la situation ne dégénère pas. Je sais que Théo a de plus en plus de mal à supporter ma relation avec Julien, mais il n'a d'autre choix que de faire avec. C'était inscrit dans le contrat dès le départ, je ne lui ai jamais fait croire que lui et moi pourrions être autre chose que ça. Je n'ai jamais parlé d'amour. Je n'ai pas envie que nous devenions un couple ; ça, je l'ai déjà avec tout ce que ça comporte de routine et d'ennui. Je veux garder cette relation secrète qui me stimule, ce désir interdit qu'elle fait grandir, cette impatience et ce manque qui ne s'essoufflent jamais puisqu'ils restent toujours partiellement inassouvis. Je veux rester celle que l'on désire, celle qui apparaît puis s'évapore en laissant derrière elle un subtil parfum d'absolu, celle dont on ignore toutes les zones d'ombre et qui n'offre rien d'autre qu'un bain de lumière…

C'est égoïste, oui. Je le reconnais.

Mais personne n'oblige personne à quoi que ce soit dans cette histoire, après tout.

Je n'ai toujours été qu'un brouillon de moi-même. Je crois juste qu'il est grand temps que je me recopie au propre.

33.

« Chaque être est une histoire qui a oublié
le début, ne sait pas la fin, et n'est jamais très
sûr de savoir où il en est… »
Serge Joncour, *L'homme qui ne savait pas dire non*

Avec tout ce qu'il s'est passé dans ma vie ces derniers jours, j'en avais presque oublié ma convocation à la fac.

Le jour est arrivé pourtant.

Je ne sais pas ce qui m'attend, mais je sais que ce sera forcément désagréable. J'essaye de ne pas trop céder à la panique en me concentrant sur mon frère, sur la critique de livre que je suis en train de rédiger, et surtout sur Théo. Je pensais être capable d'affronter ça toute seule, mais je me rends compte que j'ai besoin de savoir que quelqu'un sera là, tout près de moi, pour m'aider à tenir le coup.

Alors je décide d'en parler à Théo. Je lui raconte brièvement dans un message que je suis convoquée devant un conseil de discipline aujourd'hui au sujet d'un devoir pour lequel j'ai demandé de l'aide sur Internet alors que nous n'en avions pas le droit. Il ne me pose aucune question supplémentaire et me dit qu'il sera là, bien sûr, qu'il m'attendra devant la fac et qu'ensuite nous irons oublier tout ça ensemble autour d'un café ou dans un parc, comme je voudrai.

Je respire un grand coup et je me dis que ça va aller, je saurai surmonter cette épreuve comme j'ai surmonté toutes les autres, et, dans quelques heures, ce ne sera plus qu'un mauvais souvenir que je pourrai noyer sous les baisers que j'échangerai avec Théo...

Mais plus je me rapproche de ce grand bâtiment sombre qui abrite les cours auxquels je me rends de moins en moins, plus je sens la peur prendre ses aises en moi. J'arrive dans le bâtiment B, je monte les trois étages à pied et j'arrive devant la salle B312.

Plusieurs chaises sont disposées le long du mur sur lesquelles deux personnes sont déjà assises et semblent attendre leur tour. Je reconnais une fille de ma classe, je lui demande alors pourquoi elle est là. Je me rends compte que nous avons été convoquées pour les mêmes raisons. Je ne sais pas si cela doit me rassurer ou m'inquiéter davantage. La porte s'ouvre et une dame que je ne connais pas appelle la personne suivante. C'est elle. Je la regarde rejoindre la salle et je m'installe à sa place, en me demandant combien de personnes attendent à l'intérieur pour nous juger.

Elle ressort quinze minutes plus tard, le visage fermé. Je n'ose pas lui demander quelle condamnation a scellé son sort, mais je tends l'oreille alors qu'elle raconte ce qui vient de se passer à l'autre fille qui l'accompagnait. Ce que j'entends me fait froid dans le dos, j'hésite à m'enfuir en courant. Au milieu de quelques insultes, elle explique qu'elle a été exclue de l'établissement et qu'elle n'aura pas la possibilité de se réinscrire l'année suivante, ni au cours des cinq prochaines années.

Ma parole, c'est pire que la Cour pénale ! Mais avant que je n'aie le temps d'en savoir plus, la porte se rouvre et c'est mon nom qu'on appelle cette fois.

Mes mains sont de plus en plus moites à mesure que je me rapproche de la pièce.

À l'intérieur, pas moins de dix personnes sont présentes, réparties en deux rangées qui se font face. Parmi elles, je reconnais la directrice de mon Master, ainsi que quelques-uns de mes professeurs, dont certains avec lesquels j'ai de bons rapports et qui connaissent mieux que les autres ma situation et les difficultés que je traverse pour la simple raison qu'ils se sont donné la peine d'en discuter avec moi. Je tente de leur adresser un timide sourire que deux d'entre eux me rendent. Dans leurs regards, je crois lire de la compassion et ça me fait du bien.

La dame qui m'a fait entrer sans se présenter m'invite à m'asseoir au bout des deux rangées, devant le tableau, face à tous ces regards qui me fixent et semblent déjà occupés à m'évaluer. Je n'arrive plus à réfléchir, mais je crois qu'il est de toute façon trop tard pour ça.

La directrice, avec son arrogance habituelle, m'explique pourquoi je suis là. Je suis accusée d'avoir triché en demandant la solution à un devoir sur un forum sur Internet. Qu'ai-je à dire pour me justifier ?

Alors que je m'apprête à articuler des mots dont je ne sais encore rien, je vois le tableau derrière moi s'éclairer, et je comprends alors la raison de la présence du rétroprojecteur sur une petite table à ma droite.

Sur le mur, juste derrière moi, s'étale en gros plan la preuve de mon méfait : une capture d'écran géante de la question que j'ai posée sur le forum, avec mon prénom en signature.

Je me sens prise au piège. Alors que je tourne à nouveau la tête vers les dix paires d'yeux qui me scrutent en attendant d'entendre ce que je pourrais bien avoir à dire pour ma défense, je fonds en larmes. À cet instant, je n'ai plus aucune dignité. Je suis en train de sangloter devant des personnes qui m'accusent d'être une tricheuse, je ne sais pas ce qui est le plus pathétique dans tout ça.

Une voix plus douce que celle qui a ouvert les hostilités me dit de prendre le temps de retrouver mes esprits, que ça va aller. J'essaye alors de me calmer, de me ressaisir, car je sais qu'il va falloir que je trouve les mots si je veux avoir une chance d'échapper à la sanction qui a été prononcée juste avant à l'encontre de ma camarade de classe. Il n'y a pas de raison pour que nous ne soyons pas punies de la même manière, mais je tiens quand même à ce que tout le monde sache que ce n'est pas un choix que j'ai fait par facilité. Je veux que tout le monde sache que je m'efforce de faire de mon mieux malgré les épreuves que je traverse, que j'ai toujours travaillé avec honnêteté et qu'il serait terrible de me punir pour un seul faux pas. L'erreur est humaine, je voulais juste demander de l'aide, je l'ai fait de manière maladroite et j'en suis tellement désolée…

C'est tout ce que je parviens à leur dire avec la voix étranglée, tremblante et des larmes encore plein les yeux. Je leur demande de me laisser une seconde chance et je promets de me montrer à la hauteur, de leur prouver que je ne suis pas la personne qu'ils croient.

Les deux professeurs qui m'ont adressé un sourire un peu plus tôt prennent alors la parole à tour de rôle pour dire qu'ils ont effectivement connaissance de mes problèmes de santé et de la difficulté pour moi de suivre cette année d'études comme tout le monde. Mon cœur se gonfle de gratitude lorsque l'un d'eux ajoute que je suis une élève sérieuse, que mes interventions en classe sont toujours pertinentes et que mon travail est de qualité.

Puis le silence se fait à nouveau, des regards s'échangent entre les professeurs. L'un d'eux finit par me dire que si je n'ai rien d'autre à ajouter, cet entretien est terminé. Je recevrai par courrier la décision de sanction prise par le conseil. Je suis un peu déroutée par cette annonce. Pour quelle raison ma sanction à moi serait-elle envoyée par courrier ? Cela veut-il dire que mon cas suscite un débat et nécessite une discussion au sein du conseil ?

Peu importe, je ne veux plus qu'une chose à présent, c'est sortir au plus vite de cette salle étouffante, fuir tous ces regards et cette faute projetée sur le tableau comme les huit lettres du mot COUPABLE.

Je présente à nouveau mes excuses à l'assemblée, je remercie les professeurs qui m'ont soutenue et je quitte la pièce.

La porte à peine refermée, je me précipite dans les escaliers que je dévale comme une piste verte, slalomant entre les quelques étudiants que je croise et auxquels je ne prends même pas le temps d'adresser un regard. Je sors de l'immeuble et j'aperçois alors

Théo, assis sur un banc sur le trottoir d'en face. Je pousse un soupir de soulagement, traverse la route en évitant de justesse un vélo que je n'avais pas vu arriver. Je plonge littéralement dans ses bras. Il voit à mes yeux rougis que le moment que je viens de vivre a été tout sauf agréable, et il a le tact de ne pas me brusquer par des questions indiscrètes.

– Tu sais ce que je te propose ? C'est d'aller noyer tout ça dans un délicieux mocha blanc extra crème fouettée, puis d'aller respirer un peu d'air frais et écouter les oiseaux dans le parc de Bercy. Alors, partante ? À moins que tu n'aies une meilleure offre à proposer ?

Mon sourire répond pour moi. Il connaît ma boisson préférée, il sait de quoi j'ai besoin, comment m'apaiser. Sa présence est un véritable réconfort, comme je l'avais prédit. Avec un sourire complice, je lui réponds :

– Je n'ai pas de meilleure offre non, celle-ci me semble parfaite, pour commencer…

Une fois arrivés dans le Starbucks le plus proche, nous décidons finalement de prendre nos boissons à emporter et d'aller directement trouver un peu d'intimité et de calme dans le parc. Après que j'ai pris le temps de déguster à la petite cuillère la délicieuse crème fouettée qui recouvre ma boisson, nous partons, nos gobelets à la main, rejoindre les grandes allées du parc de Bercy.

Après avoir traversé la Seine et marché quelques centaines de mètres, nous nous installons sur un banc, sous une petite tonnelle depuis laquelle nous pouvons observer des maîtres promener leurs chiens, des parents jouer avec leurs enfants, des groupes d'amis parler autour de quelques bouteilles de vin, des moineaux virevolter au-dessus de la pelouse parfaitement tondue…

Je me sens mieux. Avec Théo, je me sens toujours mieux parce que mon corps et mes sensations prennent le dessus sur ma tête et mes pensées. Je passe dans un mode de fonctionnement plus instinctif, plus animal. Tout devient alors plus facile.

Je n'ai pas envie de parler de ce qui s'est passé quelques minutes plus tôt dans cette salle de classe. Je n'ai pas envie de parler tout court en fait, et je me blottis contre lui pour laisser mes sens s'éveiller un peu plus à son contact. Poussée par une décharge de désir, je lève soudainement la tête à la recherche de ses lèvres. Nous nous dévorons alors pendant de longues minutes. Sa main gauche exerce une légère pression sur l'arrière de ma tête, comme pour donner à notre baiser le plus de profondeur possible, tandis que sa main droite caresse doucement l'extérieur de ma cuisse.

Il s'empare alors de la veste qu'il avait posée à côté de lui, et la dépose sur mes jambes. Et alors que nos langues continuent leur infatigable ballet, je sens soudain sa main se glisser sous la veste, puis sous ma jupe. Je comprends alors que la fraîcheur de la nuit tombante n'y est pour rien dans le fait qu'il ait recouvert mes jambes de sa veste… Surprise et un peu mal à l'aise, mon corps se recule légèrement dans un sursaut. Je jette un coup d'œil autour de nous pour m'assurer que personne ne peut nous voir. En fait, n'importe qui pourrait nous voir de loin, mais personne ne nous regarde. C'est à la fois intimidant et terriblement excitant.

Théo, lui, ne regarde que moi depuis plusieurs minutes déjà. Le mouvement de sa main se fait de plus en plus sûr et précis tandis qu'il observe la manière dont mon corps réagit. Je me demande jusqu'où il est décidé à aller. Jusqu'où je suis prête à le laisser aller, une fois de plus.

La réponse ne tarde pas à venir, et je m'efforce de retenir les tremblements qui secouent mon corps tandis qu'une vague intense de plaisir me submerge. Content de lui, Théo retire alors sa main et dépose un dernier baiser sur mes lèvres. Après quelques minutes silencieuses, le temps de retrouver mes esprits, nous décidons de quitter l'endroit devenu désert et de marcher un peu.

– C'est encore mieux que la moto, dis donc ! Tu as encore beaucoup de choses de ce genre à me faire essayer ?

– Ah, ah ! Possible… J'en déduis que ça t'a plu ?

– On peut dire ça comme ça, oui ! Mais attention, je risque d'y devenir accro si ça continue.

– J'espère bien. Même si je suis sûr que tu l'es déjà…

– En tout cas, on peut dire que la journée se termine beaucoup mieux qu'elle n'a commencé. Et c'est à toi que je le dois !

– Elles pourraient toutes commencer de la même manière, ça ne tient qu'à toi…

Je baisse les yeux en guise de réponse.

Comment lui faire comprendre sans le blesser que, même si ces moments sont exquis et que je passe mes journées à n'attendre qu'eux, je ne voudrais pas me réveiller ni m'endormir à ses côtés.

Ce que nous vivons est parfait et me suffit. Devenir un couple n'aurait aucun sens. Je veux garder cette ivresse, ces rendez-vous clandestins, ces instants de plaisir volés, ces moments d'attente, ces phases de séduction, ces jeux interdits.

J'ai peur que Théo tombe amoureux de moi et finisse par attendre autre chose de ma part.

Quelque chose qui ne viendra jamais.

Je sais que je ne peux pas le laisser espérer égoïstement ainsi, mais je ne suis pas encore prête à me passer de ce qu'il m'apporte, et je sais que lui aussi en tire beaucoup de plaisir pour le moment.

Alors je ne réponds rien. On verra bien la tournure que prennent les choses et si vraiment ses sentiments se développent trop, alors j'aviserai.

En attendant, repue de plaisir et revigorée par une longue marche, je lui dis au revoir et le remercie d'être venu me soutenir, entre autres… Je décide de rentrer à pied à la maison, je ne suis plus très loin et ça me permettra de réfléchir un peu à tout ça.

Seule à nouveau, je me repasse alors le film de cette journée mouvementée. J'ai d'abord été « jugée » pour avoir triché à un devoir, puis je me suis fait câliner dans un parc par un homme qui n'est pas celui qui partage ma vie. On ne peut pas dire que je prenne grand soin de mon karma ces temps-ci… Mais alors, pourquoi la vie me semble-t-elle plus digeste ainsi ?

34.

« Ne me secouez pas, je suis plein de larmes. »
Henri Calet

J'ai décidé d'aller passer quelques jours chez mes parents pour échapper un peu à tout ça et me remettre de mes émotions. Mais je n'ai pas échappé à grand-chose finalement, et certainement pas aux placards remplis de tout ce que je vomis systématiquement et que je m'efforce de ne plus manger, précisément pour cette raison.

J'ai d'abord raconté à ma mère... à peu près tout, en fait. Ma convocation à la fac et l'attente angoissante de la sanction disciplinaire, mon aventure avec Théo et mes incertitudes quant à ma relation avec Julien, mes retrouvailles avec mon frère, qui est aussi son fils qu'elle ne voit plus, alors je ne me suis pas trop étalée sur le sujet non plus…

Comme toujours, ma mère m'a écoutée attentivement et avec générosité, sans me juger. C'est bien pour ça qu'elle reste ma confidente privilégiée. Elle me comprend, ou au moins essaye, et le plus important : elle me soutient, quoi que je décide et quoi que je fasse. Ça m'apaise un peu et ça me donne du courage, même si je sais qu'à la fin, face à mes choix, je serai de toute façon seule.

J'ai d'abord raconté à ma mère, et puis j'ai ouvert les placards et le frigo en quête d'une dose de réconfort supplémentaire. Mais en les voyant remplis de toutes ces choses que – très clairement – mes parents ne mangent jamais, j'ai rapidement senti la colère me gagner.

– Pourquoi vous achetez tous ces trucs sucrés ? Vous comptez ouvrir un magasin ou quoi ? ai-je alors demandé – ou peut-être un peu crié – à ma mère.

– Je sais bien. Je ne comprends pas non plus. On ne mange jamais toutes ces choses et on n'en achète jamais d'habitude. C'est juste parce que tu viens… Papa est allé faire des courses hier et on s'est disputés quand j'ai vu toutes les cochonneries qu'il avait ramenées…

– Mais c'est quoi son problème? Il ne veut pas que je guérisse, c'est ça? Je vous ai clairement expliqué les efforts que je fais en permanence pour lutter contre la maladie, les choses que j'essaye de ne plus manger!

– Je sais... Qu'est-ce que tu veux que je te dise... Tu lui demanderas! Toi, il t'écoute. Moi, je lui ai déjà dit, il a râlé et n'a rien répondu.

– C'est de soutien dont j'ai besoin. Je n'y arriverai jamais si vous n'êtes pas tous les deux de mon côté, ai-je conclu en ouvrant un premier paquet de gâteaux fourrés au chocolat et au réconfort, devant ma mère triste et impuissante.

Elle est partie dans une autre pièce, parce qu'elle sait que quand je commence à manger, je ne supporte pas que quelqu'un reste dans les parages. Ça me rend agressive.

Pendant que je grignote un petit peu de tout ce que je trouve, je pense à cette relation complexe avec mon père et je crois savoir, au fond, pourquoi il agit de la sorte.

Non pas pour m'empêcher de guérir, non, mais simplement pour ne pas perdre ce seul lien qui existe entre nous. Parce que c'est ça, finalement. La bouffe est le seul lien qu'il reste entre mon père et moi.

Je dis « qu'il reste » parce que je suis persuadée qu'il a existé autre chose à un moment donné. Je me souviens de toutes ces fois où je dominais le monde, perchée sur ses épaules, de ces heures que nous passions ensemble dans la mer à regarder les poissons avec nos masques et nos tubas. De notre jeu préféré aussi, lorsqu'il comptait jusqu'à trois avant de pousser mes pieds vers le ciel pour m'envoyer plonger en arrière un peu plus loin. Nous riions, nous nous amusions, et puis j'ai grandi, une excessive pudeur s'est installée entre lui et moi et plus rien n'a jamais été pareil. C'est aussi pour ça que, parfois, mon enfance me manque.

Depuis, on partage cette relation malsaine avec la bouffe, sauf que lui a décidé de l'accepter, d'y abandonner son corps. Mon père est obèse et ça ne lui pose pas vraiment de problème. Après plusieurs rendez-vous avec des diététiciens et même une cure amaigrissante dans un centre spécialisé, il a finalement accepté que la bouffe prenne toute la place, dans sa vie comme sur son corps. Ce que l'on va manger à midi est la première question qu'il se pose, nous pose, dès le réveil. Les repas sont ce qui rythme et remplit ses journées.

Les gens disent de lui qu'il est un bon vivant. Moi, je pense qu'il n'a rien compris à ce que la vie a de bon à offrir justement. Moi je sais qu'il essaye de remplir un vide. Peut-être celui causé par cette carapace si épaisse qu'elle empêche les émotions de circuler et lui donne l'apparence d'un être insensible et dur. Je sais que ce n'est qu'une façade, car j'ai déjà vu des larmes dans ses yeux. Deux fois.

Les deux plus beaux souvenirs que j'ai de mon père du coup.

La première fois, c'est le triste jour où l'une des meilleures amies de notre famille a appelé à la maison pour nous annoncer que l'un de ses fils venait de se tuer en voiture. Il avait 30 ans, venait de se marier et d'acheter une maison pour y abriter son bonheur. Ça a été un choc pour nous tous, et même si elles n'ont pas franchi la barrière de ses paupières, j'ai vu des larmes dans les yeux de mon père. Je me souviens que ça m'a presque autant bouleversée que la nouvelle que nous venions d'apprendre.

Mais la seconde fois a été beaucoup plus déstabilisante et marquante pour moi.

Pour ses 50 ans, je voulais faire à mon père une surprise particulière, quelque chose dont il se souviendrait. De manière générale, le plus sûr moyen de lui faire plaisir est de lui offrir quelque chose qui se mange ou se boit, ça, je le sais bien, mais pour une fois, moi, c'était son âme que je voulais nourrir, ses émotions, notre lien aussi. Essayer, au moins.

Mon père n'est pas du genre à admirer qui que ce soit, mais depuis toute petite, je sais qu'il admire Jean Ferrat, grand poète et chanteur de son époque dont les chansons ont pas mal bercé mon enfance. J'ai rarement vu beaucoup d'émotions dans les yeux de mon père, sauf quand il dévore avec amour et tendresse ma mère du regard, quand il m'observe avec une infinie fierté ou quand il écoute les musiques de Jean Ferrat dont les textes font certainement écho à des choses profondes tapies dans un coin de son cœur.

Alors j'ai écrit une lettre. Sur mon père. J'y ai écrit à quel point l'amour avait du mal à circuler entre nous, son caractère difficile, sa capacité à se rendre détestable, mais malgré tout, ce que je savais lire de bon en lui, le trésor dissimulé sous la carapace. J'ai décrit son impressionnante culture, ses nombreux tours du monde sur un porte-avion lorsqu'il était dans la marine, son immense générosité mal assumée, ses maladresses souvent, mais ses bonnes intentions malgré tout.

À cet homme que je ne connaissais pas, j'ai dit que j'aimais mon père et à quel point j'étais fière de lui.

Et je lui ai confié que sa présence à la petite fête surprise d'anniversaire que nous allions organiser ma mère et moi serait le plus beau des cadeaux que je puisse lui faire.

J'ai envoyé ma lettre sans rien dire à personne, et j'ai attendu.

Il n'est pas venu, je m'en doutais un peu. Mais il a quand même pris le temps de m'envoyer une photo dédicacée avec un petit mot à l'attention de mon père.

Le jour de l'anniversaire de mon père, j'ai attendu que nous soyons à la maison, juste mes parents et moi, pour le lui offrir, en lui expliquant ma démarche. Visiblement très touché, il m'a alors demandé s'il pouvait lire ma lettre, dont j'avais gardé un exemplaire en souvenir. Je la lui ai donnée, un peu intimidée, et il est parti s'isoler dans le bureau pour la lire.

Je l'ai observé un peu de loin pendant les premières secondes et j'ai cru le voir essuyer ses yeux d'un mouvement bref, comme s'il fallait chasser l'émotion avant que quiconque n'ait le temps de la voir. Puis je me suis éloignée pour respecter ce moment d'intimité et me suis assise dans le canapé du salon.

Quelques minutes plus tard, ma mère est allée le voir dans le bureau et j'ai compris à l'expression déstabilisée de son visage lorsqu'elle en est ressortie que quelque chose d'inhabituel était en train de se passer dans cette pièce. De toute évidence, de l'autre côté de la porte, mon père était très ému. Je ne comprenais pas bien ce que ça pouvait vouloir dire *être très ému* pour mon père, alors je suis retournée dans le bureau, d'un pas un peu hésitant, pour constater par moi-même.

Mon père était assis, à moitié de dos. Je me suis approchée suffisamment pour voir ses yeux gonflés et rougis, et ma lettre qu'il tenait entre ses doigts tremblants. Je me suis sentie gênée par cette manifestation d'émotions inattendue que je ne savais pas comment accueillir. Et ce n'était pourtant rien comparé à ce qui allait suivre. Au moment où il a levé les yeux et m'a vue, debout dans l'encadrement de la porte, ce sont de violents sanglots qui se sont mis à le secouer, le visage à demi dissimulé derrière une main.

Jamais je n'avais vu mon père dans un tel état. Aussi fragile, aussi vulnérable, aussi humain.

Jamais je ne l'ai autant aimé qu'à cet instant précis.

Je me suis d'abord sentie coupable d'être à l'origine d'une telle tristesse, puis je me suis félicitée d'avoir réussi à accéder à ses émotions, à toucher son cœur. Nous nous sommes alors tous pris dans les bras, mon père, ma mère et moi, pour envahir ce moment du plus d'amour possible.

Ce jour-là, l'image que j'avais de mon père a été complètement bouleversée pour toujours. Je pouvais désormais en être sûre : mon père n'était pas un monstre. Et je sais que jamais, jamais, je n'oublierai ce moment. Je suis émue chaque fois que j'y repense, je ne peux plus écouter une chanson de Jean Ferrat sans avoir les larmes aux yeux, et si je devais ne garder qu'un seul souvenir de mon père, ce serait celui-là.

Ce sera celui-là.

Je crois que ces larmes ont sauvé notre relation.

Je voulais réussir à toucher mon père en faisant quelque chose d'incroyable pour lui, j'avais réussi à le bouleverser en l'aimant, tout simplement. C'était d'amour dont mon père avait toujours eu cruellement besoin. C'est de ça dont nous avons tous besoin.

Mais j'ai beau chercher, dans les placards, il n'y a rien qui ressemble à ça.

35.

« Mais que pèse une promesse de bonheur
à côté d'une certitude d'ivresse ? »
Ève Ruggieri, *Chopin : L'impossible amour*

Quand j'ai vu l'enveloppe blanche avec le tampon de l'université dans la boîte aux lettres en rentrant de chez mes parents, j'ai tout de suite compris que le suspense allait prendre fin. Mon sort était contenu dans cette enveloppe.

Je suis rentrée, j'ai laissé ma valise en plan à côté de la porte que j'ai refermée d'un mouvement sec du pied et je me suis assise dans le salon sans même prendre le temps d'enlever mon manteau.

Il était tout juste midi, l'enveloppe devait être là depuis une heure tout au plus, à m'attendre sagement sans même la compagnie d'une pub ou d'une facture cette fois.

Je l'ai ouverte, j'ai déplié la feuille qu'elle contenait et j'ai commencé à lire.

Je me suis alors mise à rire, un rire de soulagement, un rire qui libère la peur et défait les nœuds qu'elle s'était amusée à faire.

Je n'étais pas exclue. On ne m'interdisait pas de me réinscrire, ni même de poursuivre mon année scolaire. On me donnait une seconde chance.

La seule chose que l'on me demandait, c'était de venir passer un examen pour remplacer le devoir auquel j'avais triché et qui ne serait donc pas comptabilisé dans ma moyenne.

Je ne m'attendais pas à ça, c'était merveilleux. Pourquoi cette sanction si minime alors que ma camarade avait été exclue pour la même faute ?

On me laissait une autre chance, exactement comme celle que j'avais laissée à mon frère quelques semaines plus tôt. La vie était-elle vraiment si bien faite ? Ma sincérité et ma sensibilité m'avaient certainement sauvée ce jour-là, face à tous ces regards qui attendaient pour me juger. J'ai ressenti une gratitude immense envers l'univers tout entier !

J'ai immédiatement appelé mes parents pour leur annoncer la nouvelle, puis j'ai envoyé un message à Théo pour lui dire que j'avais quelque chose à fêter et que j'avais très envie de le faire avec lui s'il était libre cet après-midi.

Julien travaillant jusqu'à 18 h, ça nous laisserait quelques heures.

Manque de chance, Théo vient de me répondre qu'il travaille aussi jusqu'à 18 h.

Mais mon envie de le voir est trop forte et je suis bien trop excitée pour laisser la frustration l'emporter. Alors j'appelle Julien pour lui proposer que nous allions boire un verre avec ses collègues après son travail ainsi que nous le faisons régulièrement, car j'ai envie de faire la fête pour célébrer mon « acquittement ». Il a l'air soulagé pour moi d'apprendre que la fin de mes études n'est finalement pas compromise et il accepte volontiers ma proposition.

Je raccroche et je m'empresse alors d'envoyer un autre message à Théo : « À ce soir ! Trop hâte… »

Je défais ma valise – sous l'œil attentif de Pompon qui n'a évidemment pas perdu une seconde pour se glisser à l'intérieur – puis je décide de me changer et lisser mes cheveux pour avoir un peu plus d'assurance.

Je défais mes boucles indisciplinées les unes après les autres, en chantant et en dansant sur « Lemon Tree », de Fools Garden, ma chanson préférée, parce que je me sens légère et heureuse aujourd'hui. Peut-être même un peu euphorique.

Il est 14 h 30 quand je quitte l'appartement pour aller faire un peu de shopping, histoire d'aider les heures à passer plus vite jusqu'à 18 h.

Je parcours plusieurs boutiques, j'essaye un nouveau parfum, je vérifie ma coiffure dans à peu près tous les miroirs que je croise, je m'achète un rouge à lèvres rouge pas trop foncé, et quand je regarde à nouveau l'heure, il est 17 h.

Le temps que j'arrive à la boutique, il sera 17 h 30, c'est parfait. Ça me laissera une demi-heure pour tenir un peu compagnie à Julien et Théo le temps que la journée se termine, en faisant semblant de ne pas accorder trop d'attention à Théo, et ensuite on partira tous ensemble poursuivre la soirée dans un bar dans lequel nous allons souvent, du côté du Louvre.

Plus je me rapproche de ma destination et plus je sens l'excitation grandir. J'ai l'impression d'être une enfant qui s'apprête à aller passer la journée dans un parc d'attractions ! Mais mon attraction à moi, c'est Théo. Je sais que nous n'aurons pas la possibilité de laisser notre désir s'exprimer ce soir, mais nous allons pouvoir jouer un peu, nous chercher, nous séduire, en faisant attention à ce que personne ne remarque rien. J'aime ces moments-là aussi, ils ne font qu'augmenter le désir, la passion, me rendre encore plus vivante.

J'entre dans la boutique le cœur battant. Il y a du monde, comme toujours. Je traverse le magasin en saluant les nombreux visages désormais familiers et je rejoins le fond du magasin.

Le regard de Théo est le premier que je croise. J'ai du mal à dissimuler mon émoi. Nous échangeons un sourire complice avant de nous embrasser amicalement, puis je vais saluer les autres personnes qui sont là avant que Julien n'apparaisse et vienne déposer un rapide baiser sur mes lèvres, en me glissant à l'oreille qu'il est très occupé et qu'il doit encore se charger de deux clients avant d'être enfin libre. Je comprends le sous-entendu, je n'insiste pas pour qu'il m'accorde plus d'attention à ce moment précis. Au contraire, ça m'arrange, ça me donne un alibi pour me rapprocher un peu de Théo et discuter avec lui en attendant.

Je me demande parfois si les autres ne se doutent pas de quelque chose, car quand deux corps sont aussi chimiquement liés, quand une relation d'intimité s'est installée entre deux personnes, ça saute aux yeux. Ça doit se sentir dans nos regards, dans nos sourires, dans la manière dont nos corps cherchent sans cesse à entrer en contact, dans le ton sur lequel nous nous parlons, dans le simple fait que je sois de plus en plus souvent là, et presque exclusivement lorsque Théo est là aussi…

Peut-être que les gens savent, qu'ils parlent entre eux, peut-être que ça arrivera un jour aux oreilles de

Julien qui ouvrira enfin les yeux sur l'évidence qu'il avait décidé de ne pas voir. Mais je n'arrive pas à faire semblant, c'est plus fort que moi, je suis complètement dépendante de cette situation et de toutes les émotions fortes qu'elle me fait ressentir.

Moi qui ne sais pas me tenir en dehors des extrêmes, je crois que c'est désormais au désir que je suis accro. Je n'arrive plus à penser à quoi que ce soit d'autre.

Théo me demande si mon week-end chez mes parents s'est bien passé, si je me sens soulagée par la réponse de la fac, puis en baissant le son de sa voix si je suis libre le lendemain après-midi. Je prends mon air le plus séducteur pour lui répondre :

– Ça dépend, est-ce que j'aurai droit à un petit tour de moto ?

– Ça dépend. Est-ce que tu seras sage ?

– Certainement pas. Quel ennui !

– C'est parfait. Alors ça devrait pouvoir se faire…

À la simple idée de nous deux à nouveau serrés l'un contre l'autre sur la moto, je sens certaines parties de mon corps réagir soudainement.

Je m'éloigne de lui pour ne pas perdre totalement contact avec tout ce qui nous entoure et ne pas prendre trop de risques, mais j'ai du mal à faire disparaître le sourire que ces quelques mots échangés ont fait naître sur mes lèvres. Je me sens un peu mal à l'aise à l'idée que quelqu'un puisse percevoir le désir brutal qui vient de s'emparer de moi.

Assise un peu plus loin, adossée contre un mur, j'observe les gens autour. C'est bon, je crois que personne n'a rien remarqué. Il semblerait que le monde ait continué à tourner et que cette parenthèse n'ait appartenu qu'à nous.

Quelques minutes plus tard, Julien réapparaît avec le dernier client qu'il raccompagne. Il me fait un petit signe pour que je comprenne qu'il a enfin terminé et qu'il va pouvoir aller se changer. Je le vois alors se diriger avec Théo vers les vestiaires. Leurs deux autres collègues sont partis une heure plus tôt et doivent nous rejoindre directement au bar avec quelques amis un peu plus tard. Je me retrouve donc seule à l'arrière de la boutique. J'en profite pour me repoudrer un peu et rafraîchir mon rouge à lèvres. Je veux me sentir irrésistible, je suis d'humeur joueuse.

Les garçons réapparaissent cinq minutes plus tard et ça me fait une drôle d'impression de les voir discuter et rire ensemble. Je retiens un sourire en voyant que Théo tient son casque dans la main.

Nous sortons tous les trois du magasin, et nous nous donnons rendez-vous trente minutes plus tard au bar. Théo est en moto, Julien et moi allons prendre le métro, même si j'aurais préféré enfiler moi aussi un casque et... Mais demain viendra bien assez tôt.

Julien et moi nous retrouvons seuls. Je l'écoute me raconter des anecdotes de travail qui ne m'intéressent pas, mais qui m'évitent au moins d'avoir à parler et donc à mentir. Je fais mine de l'écouter, mais je ne pense qu'à Théo et j'imagine les scénarios possibles de nos retrouvailles seul à seul le lendemain.

Quand nous arrivons dans le bar, tout le monde est déjà là. J'aime cet endroit, à quelques pas du Palais Royal, il ressemble à une grotte. L'ambiance est tamisée, l'air est chaud, les voix et les éclats de rire remplissent la salle et se mêlent aux bruits des verres qui s'entrechoquent. Des notes de jazz se devinent encore un peu en musique de fond et une agréable odeur de vin vient parfaire l'atmosphère. Je me sens bien.

Je cherche Théo du regard tandis que lui m'a déjà trouvée et m'étudie de haut en bas comme pour me dire sans les mots que je lui plais terriblement. Je ramène mes cheveux lissés sur un côté de mon visage et je souris en faisant semblant de ne pas adresser ce sourire qu'à lui.

Aussi subtilement que possible, j'amène Julien à se diriger du côté où se trouve Théo, et c'est donc tout naturellement que je me retrouve assise en face de lui, prête à savourer chaque seconde de cette soirée que je ferai tout pour rendre interminable. Julien nous commande deux verres de vin rouge. Je sais qu'un verre suffira à me tourner un peu la tête, mais c'est exactement ce dont j'ai envie. Je suis en compagnie de l'homme qui m'aime et de l'homme que je désire, et cette situation m'excite énormément.

La nuit qui lentement s'installe révèle mes désirs au grand jour.

Je parle un peu avec la fille assise juste à côté de moi, pour ne rien précipiter. Son visage me dit vaguement quelque chose, j'ai dû la croiser une ou deux fois mais je ne me souviens ni de son prénom, ni de rien d'autre à son sujet. Elle me demande ce que je fais dans la vie, et je lui réponds que je fais exactement tout ce que j'aime en vivant au maximum l'instant présent. Ce n'est visiblement pas la réponse qu'elle attendait, mais je vois Théo esquisser un sourire. Je fais mine de ne pas le regarder, je joue l'indifférence, mais chacun de mes gestes, chaque mouvement de mon corps, chaque battement de mes paupières, chaque mot que laissent échapper mes lèvres lui sont en réalité adressés.

Je profite de l'arrivée du serveur pour échapper à ma voisine qui ne semble pas partager ma philosophie de vie et j'adresse enfin un regard furtif à Théo en portant mon verre à mes lèvres. Il ne m'a pas quittée des yeux un seul instant depuis mon arrivée et je lui adresse enfin un sourire complice.

– Et toi, mon cœur, tu en penses quoi alors ? m'interroge soudainement Julien tout en posant une main sur ma cuisse.

– Pardon ? Penser quoi de quoi ? Désolée, j'étais plongée dans mon verre de vin !

– Greg disait qu'il ne veut pas que sa copine continue à faire des sorties ciné ou autres avec son meilleur ami, car il a beau lui faire confiance, il dit que l'amitié entre un mec et une fille, ça n'existe pas ! Je sais ce que tu en penses alors, la parole est à la défense ! Je suis sûr que tu as quelques bons arguments pour le rassurer !

Je me sens un peu déstabilisée. C'est sûr, en temps normal, je n'aurais eu aucun mal à argumenter avec passion et conviction sur ce thème et Julien le sait très bien. Ce qu'il ne sait pas, c'est que mes belles théories ont été quelque peu remises en doute ces derniers temps. Ce que je pense vraiment aujourd'hui, c'est que l'amitié homme-femme ne peut exister sans aucune ambiguïté que s'il y a une réelle incompatibilité physique qui rend toute alchimie impossible. Sans ça, je crois que le désir finit toujours, tôt ou tard, par s'en mêler. Si nous allons vers une personne du sexe opposé, à la base, c'est que quelque chose chez elle nous a séduit, qu'il s'agisse de son humour, de son intelligence, de son charme, de sa générosité… Et dès lors qu'il y a de la séduction, toute relation peut potentiellement déboucher sur quelque chose de charnel, même si le pourcentage de chances est parfois réduit pour diverses raisons.

– Tu ne lui fais pas aussi confiance que ça alors ?

Je m'adresse directement à Greg. Nous avons souvent ce genre de débats, Greg est un autre collègue de Julien un peu plus âgé que lui, qui se joint souvent à nous lorsque nous organisons des soirées à la maison.

– Bien sûr que si, mais la confiance n'empêche pas la vigilance. Je ne suis pas bête, entre les filles et les mecs, il y a toujours un peu de séduction. Je suis un mec, je sais comment on pense, et même si dans la tête d'une fille, ça peut être très clair – ça, je dis pas le contraire – dans celle d'un mec, ça se passe autrement. Le mec, c'est pas par sa tête que ça passe en premier, et s'il y a la moindre ouverture avec une fille, il ne la laissera pas passer. J'ai pas envie de prendre trop de risques, c'est tout.

Un point pour lui.

– Vous en avez parlé ensemble ? Le mec en question, il a une copine ? Moi, mon meilleur ami est gay, comme ça au moins on est tranquilles !

– Le sien ne l'est pas du tout, c'est bien ça le problème. On en a parlé ensemble mais elle me dit toujours la même chose : de pas m'inquiéter, qu'ils se connaissent depuis plus de dix ans et qu'il n'y a jamais eu aucune ambiguïté entre eux, qu'elle m'aime, que lui a une copine de toute façon… Mais bon, on sait tous que c'est pas ça qui empêche…

À ce moment précis, je sens une jambe venir caresser la mienne sous la table. Je m'oblige à ne pas regarder Théo pour ne pas éveiller les soupçons de Julien et Greg qui attendent tous les deux ma réponse et je tente de garder mes esprits alors que la caresse monte doucement le long de ma jambe.

– Tu sais, si ça se passe bien entre vous, t'as pas de raisons de t'inquiéter. À mon avis, plutôt que de passer notre temps à fliquer l'autre, à lui faire des scènes de jalousie et à avoir peur qu'il nous trompe, on ferait mieux de toujours faire notre possible pour que l'autre n'en ait jamais envie. Parce qu'à trop avoir peur de quelque chose, on en oublie l'essentiel et on finit par créer soi-même ce qu'on redoutait tant. Veille plutôt à être aimant et attentionné avec elle, mets de la passion dans votre histoire, un peu de doute aussi parfois, parce que nous, les filles, on aime bien devoir ramer un peu de temps en temps, et crois-moi, elle n'aura pas envie d'aller voir ailleurs et tu n'auras vraiment rien à craindre ! Vous, les mecs, comme tu le dis, vous ne pensez ni avec votre tête, ni avec votre cœur, mais nous, si. Donc quand on bascule vers l'infidélité, c'est que quelque chose de plus profond ne va pas ou plus. C'est plutôt sur ce point que tu devrais orienter ta vigilance.

Les phrases se sont enchaînées toutes seules, comme si elles étaient prêtes depuis longtemps et n'attendaient que le bon moment pour prendre leur envol. Je parle à Greg, mais j'ai bien conscience que c'est à Julien que je m'adresse en réalité. Et à moi aussi.

Sans même attendre que l'un d'eux ne me réponde, je prétexte une envie pressante et, avant de quitter la table, je resserre les jambes pour emprisonner quelques secondes le pied de Théo. Nos regards se retiennent alors l'un l'autre un court instant, avant que je me retourne pour prendre la direction des toilettes.

Je traverse la salle, me faufilant entre les gens, les sacs, les serveurs, puis je descends les quelques marches qui mènent aux toilettes.

La musique et les voix se font un peu plus lointaines, je m'accoude quelques instants au lavabo pour récupérer un peu de stabilité. Je sens déjà les effets de l'alcool décuplés par le vide de mon estomac, je sais que je dois faire attention, car dans cet état d'ivresse même léger, je suis suffisamment désinhibée pour oublier que l'homme qui partage ma vie est dans la même pièce que moi.

Je profite d'être seule pour retoucher mon maquillage. Avec cette chaleur, ma peau est un peu moite et je déteste cette sensation. Je remets un peu de poudre sur mon visage, un peu d'ombre marron sur mes paupières, je dépose derrière mes oreilles et dans le creux de mon cou quelques gouttes de l'échantillon de parfum que je garde toujours dans ma poche, je laisse mes doigts glisser le long de mes cheveux pour les démêler un peu. Je souris à mon reflet dans le miroir, puis j'entame le chemin en sens inverse.

J'éteins la lumière, je commence à monter les marches et, tandis que j'arrive au milieu de l'escalier, des bras me saisissent et me plaquent doucement mais avec une pointe de fermeté contre le mur tandis que des lèvres viennent entrouvrir les miennes et m'embrasser avec une détermination qui n'a d'égale en cet instant que mon excitation.

Je laisse Théo faire sans résistance, et puis je le laisse aussi prendre ma main et la poser là où je peux sentir tout l'effet que je lui fais, avant de le repousser doucement et de me libérer de son étreinte.

Ce moment est absolument délicieux, à la hauteur de mes fantasmes, mais il ne peut pas durer plus longtemps. N'importe qui pourrait arriver et nous surprendre, et je n'ai aucune envie que cette soirée vire au drame.

« J'ai envie de toi », murmure-t-il à mon oreille. Son regard est semblable à celui d'un animal, plus rien de rationnel ne semble l'habiter, seulement une pulsion animale qui m'attire irrésistiblement vers lui.

– J'ai envie de toi depuis l'instant où je t'ai vue entrer dans ce bar. Non... Même bien avant ça...

– Moi aussi..., finis-je par lui répondre avant de m'éloigner doucement pour lui faire comprendre qu'il ne se passera rien de plus ici.

Je retourne alors vers la table autour de laquelle tout le monde est encore en train de parler, de rire et de boire comme si de rien n'était, en espérant que les quelques mètres qu'il me reste à parcourir suffiront à dissiper l'état de transe dans lequel je suis. J'ai l'impression que ce qui vient de se passer est inscrit sur mon visage et je commence sans même m'en rendre compte à chercher dans ma tête les arguments pour me justifier, m'excuser, expliquer que je ne sais pas ce qui m'a pris, que j'ai sûrement un peu trop bu et que je te jure que ce n'est pas ce que tu crois même si j'avais l'air de prendre un plaisir fou avec cet homme qui n'était pas toi dans l'escalier des toilettes du bar...

– Ben alors ? Tu nous as balancé une bombe et puis tu es partie sans demander ton reste !

Au ton de la voix de Julien, je comprends que cette remarque n'a rien d'un reproche. C'est juste sa manière à lui de dire qu'il s'impatientait que je revienne.

– Ah, ah ! Oui, c'est tout moi, ça ! Je vous ai laissés méditer ! Et je vois que personne n'a pensé à me recommander un verre ! Sympa, les gars, un verre de vin contre une séance de thérapie, c'est le minimum non ?

Je planque mes dernières sensations de malaise dans quelques éclats de rire auxquels ceux de Julien et Greg viennent se mêler, et alors que je me retourne pour interpeller le serveur et commander un autre verre, j'aperçois Théo en train de revenir vers nous.

Je passe alors machinalement mes bras autour du cou de Julien, sans vraiment trop savoir pourquoi je fais ça, et je fais semblant d'écouter la conversation qu'ils viennent de débuter avec une autre personne que je ne connais pas, en participant d'un sourire de temps en temps.

Je ne prête pas attention à Théo qui vient de se rasseoir, je bois une gorgée du verre de vin que le serveur vient de déposer devant moi. C'est exactement le même vin que tout à l'heure, pourtant il n'a pas le même goût. Un léger goût de frustration peut-être, mêlé à un soupçon de culpabilité.

Quitte à faire semblant, je décide de jouer le jeu à fond et j'interpelle alors Théo pour lui demander comment ça se passe en ce moment pour lui le travail, le sport, la vie… Après tout, il n'y a aucune raison pour que je ne lui parle pas avec la même spontanéité et le même naturel qu'à qui que ce soit d'autre.

Il m'adresse un premier regard un peu décontenancé par cette froideur à laquelle il ne s'attendait visiblement pas et formule une réponse tout aussi vide de sous-entendus et de messages cachés.

J'ai un peu de mal à définir ce que je ressens à ce moment précis. J'ai l'impression d'être en colère contre lui, sans trop en comprendre la raison, et son attitude soudainement plus détachée me laisse à penser qu'il s'en est rendu compte.

Ce qu'il s'est passé quelques minutes plus tôt était pourtant intense et terriblement excitant, mais peut-être que je préférais finalement me contenter de savoir que c'était possible, sans que ça aille si loin.

Peut-être que j'aime jouer tant que c'est moi qui fixe les règles. Peut-être que je préfère ne pas être à ce point confrontée à la réalité de ce que je fais et être forcée de regarder en face la trahison dont je suis à l'origine.

Ce n'est pas juste de lui faire payer à lui ce que j'ai moi-même provoqué. Alors, après une vingtaine de minutes un peu tendues, je décide de lui adresser un sourire, en espérant qu'il arrivera à y lire que je suis désolée, que ce n'est pas contre lui, et aussi que j'ai aimé ce moment volé dans les escaliers.

Il m'adresse un sourire en retour et pose son regard sur mes lèvres quelques instants, ces lèvres qu'il a dévorées un peu plus tôt dans la soirée alors qu'elles ne demandaient que ça.

La soirée se poursuit ensuite normalement, les discussions s'enchaînent, les voix parlent de plus en plus fort à mesure que les heures passent, je commande un troisième verre qui sera le dernier.

Il est déjà 1 h du matin, et si l'alcool commence par me rendre d'humeur un peu plus festive, il finit toujours par me donner envie de dormir. Julien l'a remarqué et me demande si je veux qu'on rentre.

Quelques minutes plus tard, nous nous retrouvons tous dehors, devant le bar, prêts à retourner à nos vies respectives. Tout le monde s'embrasse, se salue, se dit à la prochaine, et la main de Théo vient se poser sur le bas de mon dos au moment où je lui dis au revoir, pour me forcer à me coller un peu plus à lui. Je vérifie d'un rapide coup d'œil que Julien n'a pas vu ce geste et j'adresse un dernier sourire à Théo avant d'abandonner le groupe.

J'ai mal à la tête et l'estomac un peu en vrac.

Le chemin du retour me paraît interminable. À chaque station que nous passons, je recommence le décompte des stations restantes en me disant que je me suis peut-être trompée la fois d'avant et qu'il en reste en fait beaucoup moins. On fait des trucs bizarres quand on a un peu trop bu.

Devant nous, un homme et une femme s'enlacent sans s'en lasser depuis dix bonnes minutes. À la manière dont ils se regardent comme s'ils se redécouvraient chaque fois, je me dis qu'il s'agit soit d'un couple naissant, soit d'une relation extra-conjugale.

Nous arrivons enfin à l'appartement. Je jette un rapide regard dans le miroir de l'entrée, et je découvre stupéfaite qu'une une traînée de maquillage s'étale sur une partie de ma joue. Sans doute du mascara qui a coulé lorsque je me suis frotté les yeux. La marque est assez épaisse et voyante pour qu'on ne voit qu'elle en regardant mon visage. Suis-je devenue à ce point transparente aux yeux de Julien qu'il a pu rester assis vingt minutes face à moi sans rien remarquer ? Je suis furieuse de tant d'inattention, d'aveuglement. J'enlève à toute vitesse mes chaussures dont j'avais déjà défait les lacets dans l'ascenseur pour gagner du temps, je jette mon manteau sur le canapé, je me déshabille et je file me réfugier sous la douche en laissant la lumière de la salle de bains éteinte.

Je monte peu à peu la température et la chaleur de l'eau décontracte complètement tous mes muscles. Je reste ainsi de longues minutes, les yeux fermés tandis que l'eau chaude ruisselle le long de mon visage et de mon corps...

Mais mes muscles se crispent à nouveau et l'eau me semble soudainement glaciale lorsque des mains viennent encercler ma taille.

Il va encore falloir faire semblant. Et, j'en suis désormais certaine, cela ne va plus être supportable très longtemps.

36.

« Le juste milieu : quelque part entre
s'en foutre et en crever. »
Romain Gary, *L'angoisse du roi Salomon*

Ça fait trois mois que j'ai retrouvé mon frère. Ça fait trois mois que je trompe Julien. Le temps passe vite, surtout quand on compte.

J'ai commencé à vivre il y a trois mois, un peu grâce à tout ça sans doute. Et j'ai fini par retrouver l'appétit aussi, même si de lui je me passais très bien. Un passage à l'hôpital et une fibroscopie ont révélé que je n'avais rien. Quelle ironie. Pas d'ulcère ni autre maladie nichée au creux de mon estomac, non, juste une belle angoisse de vie, un truc indigeste qui stagne là et qui bloque le passage. On a tort, je crois, de croire que les choses graves se voient forcément sur les radios ou les prélèvements, mais ça a rassuré mes amis et ma famille, c'est toujours ça. Et puis ça a fini par passer et j'ai retrouvé mes troubles alimentaires comme si de rien n'était. Mais ils prennent un peu moins de place, j'ai l'impression, ou alors c'est moi qui leur en donne un peu moins, pour en laisser pour mon frère et pour Théo.

J'ai redécouvert Paris aussi et, pour la première fois, je l'ai trouvée jolie. C'est fou comme notre regard a le pouvoir de changer les choses, de transformer la réalité. Paris, c'est un peu comme la pluie, les gens disent souvent des choses imprécises sur elle, la résume à ses imperfections, et même ceux qui prétendent l'aimer s'empressent de la fuir à la moindre occasion.

Ses rues sales, ses gens moroses qui courent sans même plus savoir après quoi, son métro étouffant d'indifférence, ses embouteillages incessants, ses trains toujours en retard, ses regards qui ne vous regardent presque jamais… Il y a de ça, c'est vrai. Mais pas que.

Moi, j'aime Paris, surtout sous la pluie. Sauter dans les flaques, regarder la course des gouttes sur les vitres, dessiner des visages qui sourient dans la buée des carreaux, essuyer mes joues sans que ce soit des larmes, m'abriter sous le porche d'un immeuble et regarder les gens courir comme pour ne pas fondre… J'aime ses visages arc-en-ciel, ses matins qui sentent bon le pain chaud et le café bien serré s'il vous plaît, ses bateaux qui caressent la Seine, ses théâtres pleins de charme où bouillonne la créativité, ses rayons de soleil qui remplissent les terrasses comme par magie, ses dimanches qui ressemblent à des samedis, sa vie qui ne s'arrête jamais…

J'ai juste arrêté d'aimer Paris quand, plongés dans la pénombre de la nuit, ton corps étendu à côté du mien après que nous ayons fait l'amour ou quelque chose d'approchant, tu m'as demandé : « Est-ce que tu vois quelqu'un d'autre ? »

J'ai arrêté d'aimer Paris parce que c'est toi qui lui avais donné tout son sens, toi qui nous avais présentées, elle et moi. Lui et moi aussi, d'ailleurs… Ta question est venue se coincer en travers de ma gorge, et le « non » que j'ai péniblement réussi à prononcer m'a brûlé les lèvres. Le noir m'a sauvé la vie, car si tu m'avais posé cette question en pleine lumière, tu aurais lu la réponse dans mes yeux bien avant que je ne puisse dire quoi que ce soit.

Je t'ai dit « non » et je t'ai serré plus fort qu'aucun café ne saurait l'être, comme si ça pouvait étouffer le mensonge. Je ne m'attendais pas à cette question, et au-delà des mots, c'est tout ce qu'elle contenait de douloureux qui m'a bouleversée. Je voulais juste être responsable de mon bonheur, pas de ta peine. Nous nous sommes endormis comme ça, sans que tu ne me poses d'autre question, sans que j'ajoute quoi que ce soit, sans même que je sois sûre que tu m'aies crue.

Mais le lendemain matin, lorsque tu es parti au travail, tout s'est accéléré. Sans réfléchir, j'ai fait ma valise, j'ai acheté un billet de train et je suis partie chez mes parents. Je me suis enfuie, laissant derrière moi notre appartement vide et une lettre sur le lit. Une lettre comme une dernière bouteille à la mer pour tenter de nous faire échapper au naufrage. Ce serait notre ultime tentative, je le savais, alors il avait fallu que je trouve les bons mots, ceux qui pourraient peut-être nous sauver de la noyade.

On n'est jamais très sûr, avec les mots, qu'ils arriveront au destinataire en bon état. Ceux que j'avais choisis s'étalaient sur cinq pages. Ils ne parlaient pas de Théo, car j'espérais pouvoir tout réparer, revenir en arrière et faire comme si rien jamais ne s'était passé, si toutefois nous avions encore une chance.

Je suis montée dans le train à bout de souffle, juste avant que les portes ne se ferment pour m'empêcher de changer d'avis. À peine le temps de trouver une place et de m'asseoir que les larmes se sont mises à couler et, de l'autre côté de la vitre, Paris est alors devenue floue. Il n'y avait ni pluie ni buée pourtant. Juste mon chagrin qui débordait un peu.

Je me suis mise à penser à Julien, à sa réaction lorsqu'il rentrerait du travail et pousserait la porte de notre appartement où personne ne l'attendrait à part Pompon. Sans doute penserait-il que je suis sortie faire une course ou voir un ami, jusqu'à ce qu'il ne voie l'enveloppe délicatement posée sur le lit comme un cadeau empoisonné. Comprendrait-il tout de suite ? Et s'il s'imaginait que cette lettre annonçait notre rupture ? Et s'il se rendait finalement compte que c'était mieux comme ça ? Et si je le perdais ?

À mesure que les paysages défilaient, je réalisais que si cette lettre portait en elle le pouvoir de nous rapprocher, de nous consolider, elle portait tout autant celui de nous séparer, de réduire en miettes nos fondations. La peur et l'attente allaient se faire mes compagnes pour les prochaines heures.

37.

« On passe la moitié de sa vie à attendre ceux
qu'on aimera et l'autre moitié à
quitter ceux qu'on aime. »
Victor Hugo

20 h. Je crois que mon cœur est en train de battre son record de vitesse tandis que je l'imagine sur le chemin du retour, sûrement impatient de rentrer à la maison.

20 h 40. Il doit être rentré. J'imagine tous les scénarios possibles.

A-t-il déjà trouvé ma lettre ? Est-il en train de la lire ? De la relire ? Est-il en train de regarder l'une de ses séries préférées comme il le fait tous les soirs en pensant que je ne vais pas tarder à rentrer ? Est-il déjà en train de parcourir les 250 km qui nous séparent pour venir me crier qu'il m'aime, qu'il n'a pas besoin d'y réfléchir une seule seconde et que la vie sans moi, il n'en veut pas ? Je me sens m'accrocher à cette dernière possibilité jusqu'à lui donner la forme d'un espoir. Je le sais capable de cette folie, et je me demande si ce ne serait finalement pas la plus belle réponse à mes questionnements…

« Tu ne vas pas guetter comme ça toute la nuit ? »

La voix un peu attristée de ma mère vient m'arracher à mes rêveries. Assise contre la fenêtre de la cuisine, la même que celle par laquelle je regardais la voiture de mes parents s'éloigner avant d'aller ouvrir la porte du frigo lorsque j'étais plus jeune, je regarde la route, mais cette fois-ci pour guetter un retour. Je ne parviens pas à détacher mon regard de cette rue déserte. À chaque instant, je m'attends à voir surgir sa voiture au bout de la rue, et chaque fois que des lumières de phares viennent éclairer la nuit, ma respiration se fige.

23 h 30. S'il est en route, il devrait arriver d'un moment à l'autre. Je continue à y croire très fort, malgré cette petite voix au fond de moi qui me dit qu'il serait certainement préférable qu'il ne vienne pas, que cette séparation nous permette de faire le point chacun de notre côté, de réfléchir.

On se rassure comme on peut, quitte à se mentir.

00 h 45. Il ne viendra pas.

Je regarde une dernière fois mon téléphone resté silencieux avant d'abandonner mon poste d'observation. Toute la maison est déjà endormie. Un frisson me parcourt le corps. Il fait toujours un peu plus froid les soirs de solitude.

À cet instant, Paris me manque, car Paris ne dort jamais, elle tient compagnie aux insomniaques et aux amoureux déçus. À Paris, il y a toujours une voix, un son, une sirène de pompiers, une alarme, des bruits de fête, pour empêcher le silence de s'imposer, pour camoufler la solitude.

Ici, quand la nuit tombe, elle vous entraîne dans sa chute. Elle rallume vos ombres et met en lumière vos doutes et vos inquiétudes. Ici, la nuit éteint la vie et les espoirs. Ici, je m'endors avec l'absence comme seule compagnie, moi qui n'ai jamais su dormir ailleurs que dans ses bras…

Je me réveille des jours plus tard, ou peut-être seulement quelques heures. Le temps paraît toujours plus long quand on attend. À peine les yeux ouverts, je regarde l'écran de mon téléphone resté dans ma main. Toujours rien. Je m'apprête à le poser quand la sonnerie d'un message retentit.

C'est son nom qui s'affiche.

J'ouvre le message sans laisser le temps à l'angoisse de s'installer.

« Je pense que tu as raison, on a besoin de réflexion. Je vais profiter de mes jours de repos pour cela. Bonne journée. »

Ce n'était évidemment pas la réponse que j'espérais. C'est typiquement féminin, ça ! répliquerait-il s'il était là. On demande à l'autre de prendre du recul pour réfléchir, et puis on lui reproche de le faire, parce que ce qu'on voulait en fait c'est qu'il nous dise qu'il n'en a pas besoin, de recul, pour savoir que c'est nous, la femme de sa vie !

Des larmes viennent embuer mes yeux, sûrement pour m'empêcher de voir distinctement qu'il n'y a pas de « bisous » ni autre « tu me manques » qui viennent conclure ce message, l'enrober d'un peu de tendresse. Un autre truc de fille, ça. On déclenche un tsunami et on s'attend à un merci…

L'espoir me saisit lorsque la sonnerie du téléphone retentit à nouveau. Les voilà sûrement, les mots affectueux !

Oui, les voilà… Sauf que ce n'est pas le bon prénom qui s'affiche.

Je repose mon téléphone sans même ouvrir le message. Je n'ai pas envie de laisser Théo exister dans un moment pareil. Je sais déjà que cette journée ne me plaira pas, alors je retourne m'enfouir sous la couette. Je veux dormir pour ne plus réfléchir, pour ne plus avoir mal, pour que le temps passe plus vite et qu'il emporte avec lui ces instants douloureux. Je voudrais que le sommeil m'emmène et qu'il me garde jusqu'à ce que le jour ait quelque chose de plus beau à proposer.

Il est plus de 21 h quand c'est moi qui cède. Peut-être à tort, mais tant pis.

Il faut soigner l'amour par l'amour.

Je veux qu'il sache que je pense à lui et qu'il me manque. Après tout, je n'ai pas signé de déclaration de guerre ni de lettre de rupture, rien qui n'interdise l'amour. Ou peut-être que si, finalement, car sa réponse quelques heures plus tard est aussi froide que distante. Il me propose que nous dînions ensemble le lendemain soir pour « prendre une décision », dit-il.

Ce sont ses mots. Prendre une décision.

Touché, coulé.

Aucune trace d'amour dans ce message, seulement l'évocation d'une rupture possible. Rupture que j'avais cessé d'imaginer à l'instant même où j'avais mis les pieds dans ce train. *Prenez gare à la fermeture des portes, attention au départ.* Il ajoute que nous en sommes là parce que je l'ai voulu. Je ne suis plus trop sûre de ça.

Nous échangeons plusieurs messages dans lesquels je sens bien que nous avons du mal à nous comprendre. Des messages sans tendresse. Il m'en veut, c'est évident, au moins autant qu'il souffre. Je me sens à la fois coupable et incomprise, et je me demande si je ne nous ai pas condamnés en tentant de nous sauver.

À 2 h 20 du matin, un « Bonne nuit. Je t'embrasse » viendra m'aider à sécher mes larmes et à trouver le sommeil.

Je m'accroche à ces derniers mots comme à une bouée de sauvetage et je me dépêche de m'endormir pour que demain commence le plus vite possible. Ça va toujours mieux demain, il paraît.

38.

« L'air est plein du frisson des choses
qui s'enfuient. »
Charles Baudelaire

Ce matin, le soleil brille déjà haut dans un ciel bleu pur. Je prends ça comme un signe et je me fais belle comme pour un premier rendez-vous.

Je commence à avoir l'habitude des retrouvailles, je connais déjà cette impatience mêlée d'appréhension et ces journées où il n'est rien possible de faire d'autre que regarder le temps défiler.

Plus qu'une heure nous sépare. Une heure qui se transforme rapidement en vingt minutes.

Me revient le souvenir pas si lointain du jour de mes retrouvailles avec mon frère. C'est fou le temps qu'on passe à attendre ceux qu'on aime…

Je suis déjà à l'endroit où nous nous sommes donné rendez-vous, le parking d'un cinéma pour une scène digne d'un film romantique, enfin j'espère. Je n'ai pas le temps de me poser trop de questions, je le vois qui arrive. J'hésite à laisser une brève sensation de soulagement s'emparer de moi. Je le trouve beau. C'est sans doute ce qui arrive quand on se remet à regarder un être qu'on ne faisait plus que voir. Je n'ose pas sourire, de peur qu'il me renvoie la même froideur que celle contenue dans ses derniers messages. Mais à mesure que la distance entre nous s'effrite, mes craintes s'évaporent.

Les secondes qui suivront seront simplement hors du temps.

Aucun mot ne sortira de ma bouche, je me blottirai au creux de ses bras et nous resterons ainsi de longues minutes, silencieux et immobiles, savourant le bonheur et le réconfort de s'être retrouvés après avoir failli se perdre. Puis nous nous prendrons la main le plus naturellement du monde et nous irons parler de nous autour d'un chocolat viennois dont je dégusterai d'abord lentement la crème comme d'habitude, sans qu'il me demande une seule fois s'il peut goûter parce qu'il sait à quel point j'aime ça. Une conversation que nous poursuivrons un peu plus tard sur le trajet qui nous ramènera à la maison, sur fond de chansons qu'il me laissera choisir pour me faire plaisir.

Là, à peine passée la porte d'entrée, nos corps ne pourront pas résister à l'envie de se retrouver à leur tour. Il y aura du désir, et pour la première fois depuis longtemps, du plaisir aussi. Puis nous nous endormirons, comme avant, dans les bras l'un de l'autre.

La nuit sera courte, mais ça n'aura aucune importance car quand j'ouvrirai les yeux, ce sera lui que je verrai. Je ressentirai alors une soudaine tristesse. Celle de n'avoir pas su l'aimer comme il fallait, de lui avoir causé tant de peine, d'avoir failli le perdre. Et lorsqu'il me serrera contre lui et que mes larmes commenceront à couler, il me demandera pourquoi je pleure. Aurais-je fait un mauvais rêve ? Oui, j'aurais rêvé que je partais en lui laissant une lettre. Il me serrera alors encore plus fort contre lui, esquissera un sourire, et me murmurera que ce n'est rien, qu'il me pardonne.

C'est en tout cas comme ça que j'avais imaginé que ça se passerait.

C'était ça, la scène romantique que mon esprit avait fantasmée pendant les vingt minutes d'attente sur le parking du cinéma. Mais la réalité s'était imposée sous une autre forme.

On ne sait pas pourquoi ça arrive, mais ça arrive.

On se réveille un matin avec un vide dans le cœur, là où encore peu de temps avant il y avait de l'amour. Pour moi, c'est arrivé un soir, mais c'était pareil. C'était comme un réveil.

Lorsqu'il est arrivé sur ce parking, j'étais heureuse de le voir. Oui, heureuse qu'il soit là parce que des retrouvailles, c'est fait pour ça, pour rendre les gens heureux. Il m'a serrée dans ses bras, nous nous sommes pris la main, nous avons longuement discuté de nous autour d'un chocolat sans crème, mais c'est en poussant la porte de chez nous que j'ai compris.

J'ai compris qu'il était trop tard lorsque j'ai vu qu'il avait décoré tout l'appartement pour Noël dans l'espoir de faire scintiller mes yeux comme ces guirlandes lumineuses qui pendaient au-dessus des fenêtres. Il sait que ma mère fait ça chaque année depuis mon plus jeune âge et que c'est quelque chose de magique et précieux pour moi et mon âme de petite fille.

J'ai compris lorsque j'ai vu l'appartement décoré, et aussi lorsqu'il m'a offert une boîte de mes chocolats préférés.

En réalité, je crois même que j'avais déjà compris lorsque j'avais respiré son parfum sur le parking du cinéma.

Tout ça avait le goût fade des choses qui arrivent trois ans trop tard. Comme ce « je t'aime » qu'il m'a murmuré ensuite, et auquel je n'ai rien pu répondre. Alors je me suis assise dans le salon, j'ai attendu qu'il m'y rejoigne pour lui dire qu'il était trop tard. Trop tard pour tout ça. Trop tard pour l'amour.

On ne choisit pas ces choses-là, on ne choisit jamais le vide.

Je l'ai serré fort dans mes bras, il a serré fort mon vide en retour, et nous nous sommes endormis comme ça.

J'ai quitté Julien parce qu'il n'y avait plus rien d'autre à faire.

Et puis j'ai quitté Théo aussi. Parce qu'ils n'avaient plus aucun sens l'un sans l'autre.

Il n'a pas compris. Il a eu des mots durs, des mots que je méritais sans doute.

J'ai quitté deux hommes qui m'aimaient pour qu'eux aussi puissent être aimés comme ils le méritent.

J'ai quitté deux hommes qui m'aimaient pour que les lumières des guirlandes de Noël reviennent un jour se refléter dans mes yeux. Pour que tout redevienne possible.

J'ai quitté deux hommes qui m'aimaient pour pouvoir être un jour, à mon tour, celle qui aime.

39.

« On croit que, lorsqu'une chose finit,
une autre recommence tout de suite. Non.
Entre les deux, c'est la pagaille. »
Marguerite Duras, *Hiroshima mon amour*

Six mois ont déjà passé. La rupture s'est faite sans douleur parce que mon cœur était déjà parti depuis longtemps. Je n'ai eu qu'à déménager mes affaires et transformer un tas de choses en souvenirs, dont Théo.

Ivre de cette liberté nouvelle dans un corps devenu une arme, je me suis mise à dévorer la vie, à me disperser, à m'éparpiller, à enchaîner les rencontres, les activités, les hommes, à être partout à la fois sans n'être plus vraiment nulle part, à tourbillonner jusqu'à l'épuisement parfois, pour être sûre de ne rien rater de la vie. Pour masquer ce vide immense à l'intérieur. Pour ne pas penser à cet échec de guérison, à ces mécanismes alimentaires que j'ai fini par me résoudre à accepter comme faisant partie intégrante de mon être et de mon fonctionnement, un peu à contrecœur quand même. J'espère qu'il va bien, d'ailleurs.

J'ai arrêté la thérapie parce qu'on ne se soigne pas d'avoir le cœur un peu trop fragile pour la brutalité de l'existence.

Je consomme la vie pour faire illusion, pour ne pas voir que la maladie m'abîme, me consume, m'use. Je me balade toujours entre les extrêmes, je passe du rire aux larmes, de l'ivresse au désespoir, je m'attache et j'oublie, je me passionne et je m'ennuie, je suis forte et puis fragile, je laisse carte blanche à mes pulsions boulimiques ou je m'applique aux règles glaciales d'une anorexie mentale extrême.

Je n'ai pas réussi à trouver le point d'équilibre, alors je m'accroche à ce que je peux, je m'y noie, je passe d'une dépendance à une autre. Le sport souvent, surtout dans les périodes d'anorexie. Le footing, les cours en salle, les escaliers du métro que je monte toujours en trottinant au lieu de prendre les escalators ou l'ascenseur… Je ne m'arrête plus. Je me vois fondre à vue d'œil, je vois mon corps se raffermir, je me vois belle, puissante et déterminée. Je compte les heures passées à brûler les calories que je n'ingère pas, et je suis fière de ces nouveaux records que j'établis sans cesse. Pendant ces périodes-là, je me sens prendre possession du monde et je me nourris d'euphorie et de séances de shopping où, là encore, j'achète trop, sans être sûre de vouloir vraiment. Alors, parfois, le lendemain, je retourne dans les magasins pour tout rapporter.

C'est souvent l'épuisement physique et psychique qui finit par avoir raison de ces phases d'abstinence. Parce qu'on ne peut pas aller éternellement au-dessus de ses forces, je l'ai appris à mes dépens.

D'autres fois, ce sont les livres qui m'absorbent. Je lis compulsivement, jusqu'à perdre complètement le contact avec le réel. Je lis comme je vomis quand c'est la bouffe qui m'obsède : partout, tout le temps. Même en marchant dans la rue, ou en pédalant dans la salle de sport. Je note chaque livre que je termine dans une liste et je comptabilise ma performance. Je sais ainsi que l'année passée, j'ai lu 106 livres. Au moins, cette addiction-là ne me fait aucun mal. C'est sans doute la plus saine de toutes.

Je ne sais pas comment on fait pour vivre ailleurs que dans l'excès, c'est peut-être ça, mon problème. C'est tout ou rien. Il n'y a pas de place pour moi entre les deux. Il n'y en a jamais eu. Entre les deux, c'est vide, c'est fade, c'est sans effort, sans gloire. Entre les deux, je ne ressens rien.

C'est pareil pour l'amour. Je me fous que l'on m'aime, je veux que l'on me préfère. Je veux que l'on m'espère si je ne suis pas là et qu'on me regrette quand je ne le suis plus.

Plutôt ne pas être aimée du tout que ne pas être aimée assez. C'est d'une banalité affligeante.

Je ne veux pas être une parmi d'autres, alors je me démène pour créer le besoin de moi, et si je sens que ça ne fonctionne pas, alors je pars. Parfois, je reviens quand même. Parce que j'ai le cœur trop grand pour moi toute seule.

J'aime ce que je suis devenue, même si je m'inquiète parfois à l'idée de me faire plus de mal que de bien. Mais chacun se débrouille comme il peut avec la vie, après tout.

Mes maladies, je n'en parle plus. D'ailleurs, je ne me considère plus comme malade. Les crises de boulimie ont fini par quasiment disparaître de mon quotidien et c'est un résultat qui me convient. J'ai juste du mal avec le fait de manger, de digérer, de grossir. Alors je continue à vomir souvent, machinalement, après un repas que j'estime trop copieux ou que je ne juge pas assez sain selon mes critères que j'admets être très discutables, mais pas question d'en discuter.

Je ne cherche pas à perdre du poids, je n'ai jamais voulu maigrir à l'extrême. D'ailleurs, je ne suis jamais descendue en dessous de 50 kg. C'est de toute façon suffisant pour entrer dans du 34.

Je voulais juste ne pas grossir. Rester à ce poids auquel je me sens si bien, et ne plus le quitter.

Sauf que... manger est devenu synonyme de grossir, et cette simple idée me donne envie de vomir. Il suffit que je sente les aliments dans mon ventre pour que je me sente encombrée, lourde, remplie d'un poids qui me gêne, me fait mal. La bouffe est mon pire ennemi, et c'est une condamnation cruelle que d'être obligée de vivre avec.

Je n'en parle plus, ni à mes parents, ni à mes amis, ni à personne. Parce que c'est plus facile de me heurter à leur ignorance qu'à leur incompréhension.

Vomir ne fait pas mal. Ce qui fait mal, ce sont ces répliques cinglantes balancées telles des bombes par ceux qui ne comprennent pas et qui jugent à la place, parce que c'est beaucoup plus facile, que ça donne l'illusion d'être supérieur. Ces petites phrases anodines pour eux qui viennent parfois balayer d'un revers de main des efforts fraîchement entrepris et parfois même une volonté de guérison.

Quand l'homme que vous vous essayez à aimer malgré toutes ses failles vous traite d'anorexique sur un ton où se mêlent reproche et colère parce que vous avez osé espérer son soutien et son amour en avouant à voix haute devant votre miroir que vous vous trouviez grosse, alors que vous savez bien, au fond, que vous ne l'êtes pas et que c'est justement ça qui est compliqué à vivre... alors c'est tout l'amour qui est remis en cause.

Alors vous ne valez plus rien à vos propres yeux.

Et le pire dans tout ça, c'est qu'en espérant nous « secouer » en ne nous « caressant pas dans le sens du poil », comme ils disent, ces gens que je veux croire plus maladroits que méchants nous poussent vers la seule chose alors capable de nous apporter du réconfort sans nous juger : la bouffe. C'est ça ou ils nous donnent envie de vomir.

Dans les deux cas, c'est game over. Retour à la case départ.

Ils creusent ce puits de solitude dans lequel on s'abîme chaque jour un peu plus malgré le monde qui nous entoure. Ce n'est rien d'autre qu'une trahison. Mais ça non plus, je ne crois pas qu'ils le comprennent.

Chaque fois que j'ai voulu parler de mes troubles alimentaires dans l'espoir de trouver un compagnon de route qui m'aiderait à entreprendre enfin le chemin vers la guérison, pour me sentir moins seule, j'ai dû faire face à des comportements qui m'ont profondément blessée et, surtout, je me suis rendu compte à quel point il était difficile pour ceux à qui ces troubles sont étrangers de comprendre ne serait-ce qu'un peu ce que l'on vit si on ne se raconte pas. Je dis « on », parce que je sais que nous sommes nombreux et nombreuses à mener ce sordide combat. Trop peu à en parler.

« C'est ridicule », « c'est juste une question de volonté », « c'est débile », « c'est une maladie mentale », « c'est de la faiblesse… » Autant de mots qui font un mal de chien, comme un bouquet d'épines planté au beau milieu du cœur, et auquel il faut ajouter des mimiques de dégoût, de colère, de rejet, de déception parfois. Le pire sans doute.

Chaque fois que j'ai avoué ma maladie à l'un de mes proches, je m'en suis voulu. Pourtant, je n'attendais pas grand-chose. Même pas de la compréhension, encore moins de l'aide. Simplement de la bienveillance et de l'amour. Mais c'était déjà trop, apparemment. Je ne leur en veux pas vraiment. Enfin, de m'avoir jugée, si, mais pas de ne m'avoir pas comprise. C'est vrai, comment comprendre que quelque chose d'aussi inné et parfaitement naturel pour eux puisse être aussi compliqué à gérer pour moi… Ou peut-être qu'ils comprennent tous, au fond, mais que c'est leur colère de me voir souffrir qui s'exprime en même temps que la frustration de leur impuissance. C'est peut-être aussi parce que je n'ai jamais pris la peine de raconter tout ça comme ça.

Pour ma mère, c'est différent. Bien sûr qu'elle a su avoir cette réaction que j'attendais tellement. Son soutien, sa compréhension, sa disponibilité permanente m'ont été jusqu'alors infiniment précieux. Seulement, ma mère est une éponge. Elle absorbe toutes mes douleurs, mes peines, et elle les garde, se les approprie. Elle les laisse envahir l'espace et rendre l'atmosphère étouffante. Ce qui fait qu'au final, elle ne m'est plus d'aucune aide. Non seulement parce que j'ai besoin qu'elle soit plus solide que moi pour m'épauler et non qu'elle vive avec moi cette souffrance, mais aussi parce que j'ai besoin que cette souffrance reste mienne. C'est parce que je reste la plus forte de nous deux que je ne peux pas continuer à vivre cette épreuve à ses côtés. Pas pour qu'elle en souffre plus que moi et que cela me fasse un poids de plus à porter. Pas pour qu'elle me vole cette épreuve qui m'a donné de la consistance à une époque où je n'existais justement que pour la soutenir, elle, dans son désespoir. Personne d'autre que moi n'a le droit d'avoir aussi mal que moi des bleus que je me fais. Alors j'ai recommencé à vivre mes bleus en secret, et tout le monde s'en porte mieux.

N'empêche que je lui envie, à elle et à une grande partie du reste du monde, cette relation platonique avec la bouffe. Je rêve, parfois, de n'avoir plus ces dizaines de questions qui m'assaillent dès que l'heure du repas approche, de ne plus devoir regarder mon ventre dans le miroir après chaque repas pour être sûre qu'il ne gonfle pas, de ne plus avoir cette sensation de poids qui m'encombre l'estomac dès que j'avale quelque chose, de ne plus devoir lutter contre l'envie de vomir le moindre aliment ingéré, de ne plus me faire autant de mal.

Ce fossé entre eux et moi me fait mal, alors je fais semblant. Je remplis ce fossé d'illusions, de sourires, de joie de vivre, et tout le monde est content comme ça. Le pire, c'est que je ne me force pas, je crois que je suis heureuse, au fond. J'aime la vie, j'aime les gens, il paraît même que je rayonne…

C'est juste avec moi que j'ai un léger problème.

Avec tout ça, j'ai fini par comprendre que je ne guérirai pour ni grâce à personne. Il me faudrait trouver la force en moi, et le faire pour moi. Le problème, c'est que ça n'a jamais été une motivation suffisante.

À quoi je sers si je ne rends personne heureux ?

40.

« De soi aussi
On a besoin. »
Eugène Guillevic

Assise à la terrasse du Starbucks où j'ai pris l'habitude de venir écrire et réfléchir, je repense à tout ça.

À Julien qui m'a aidée à reprendre goût à la vie et que je n'ai pas su aimer en retour ; à Théo qui m'a initiée à la passion et au désir charnel sans parvenir à atteindre mon cœur ; à mon mémoire de fin d'études auquel j'ai obtenu la meilleure note de ma promo, un 19/20 qui est venu effacer le souvenir honteux du conseil de discipline ; à mes parents que je prends plaisir à voir vivre enfin pour eux et sans plus de drames ; et puis à mon frère retrouvé… puis perdu à nouveau sans plus de raisons que la première fois.

Après six mois de silence de sa part et aucune réponse à mes mails, j'ai fini par lui envoyer un sms il y a quelques semaines pour le forcer à me répondre. Quoi qu'il ait décidé de faire, j'étais prête à respecter son choix une nouvelle fois. Je voulais juste savoir si je devais recommencer à l'attendre ou pas. C'était quand même pas la mer à boire.

« Désolé, mais vous vous trompez de numéro, je ne suis pas la personne que vous cherchez à joindre. »

Voilà ce qu'il m'avait répondu.

Oui, c'était lui. Bien sûr que c'était lui. J'en avais eu l'intime intuition, même si j'avais quand même tenté de me rassurer en me disant qu'il avait peut-être changé de numéro entre-temps et oublié de me prévenir, on ne sait jamais… Et puis, comme je n'y croyais qu'à moitié, j'avais demandé à un ami qui travaille pour un opérateur de téléphonie mobile de vérifier à qui appartenait ce numéro.

Lorsqu'il m'avait confirmé ce que je savais déjà, je n'avais pas pleuré. J'avais su que je ne serais pas malade cette fois. Tout ce que j'avais ressenti, c'était de la déception. Pour la tristesse, j'avais déjà tout donné.

Oui, j'étais profondément déçue. Pas tant envers lui qu'envers moi. Déçue d'y avoir cru, parce qu'évidemment que j'y avais cru, même si je m'étais inconsciemment préparée à le perdre à nouveau, même si je m'étais convaincue de vivre ce retour comme un sursis plutôt que comme un nouveau départ. J'avais espéré oui ; j'avais espéré très fort que ça se passerait autrement.

J'écoutais si souvent encore la mélodie de cette boîte à musique qu'il m'avait offerte à Noël pour mes 7 ans, et j'entendais alors nos rires ; je sentais ses mains me pousser sur la balançoire pour m'aider à toucher le ciel avec mes pieds et je n'étais à nouveau plus qu'une petite fille pleine d'admiration pour ses deux grands frères.

Pourquoi cette lâcheté ? Pourquoi cet éloignement à nouveau ?

J'ai décidé de ne pas chercher les réponses à ces questions et de prendre le plus grand soin des souvenirs que j'aie de lui et qui sont tout ce qu'il me restera désormais. Ça, et cette photo toujours posée là, dans ma bibliothèque, entre deux de mes livres préférés.

Il y a des êtres qu'on pourrait aimer tellement fort, si seulement ils se laissaient faire... Au lieu de ça, on se fait des nœuds dans le ventre, à la place des papillons.

Il fait froid mais le ciel est clair et lumineux, exactement comme j'aime.

Un petit oiseau vient se poser sur ma table pour récupérer quelques miettes de mon cookie. Je souris devant cette témérité et je lui propose un petit morceau que je tiens entre mes doigts. Il s'approche sans hésitation et s'empare du présent d'un coup de bec assuré avant de prendre son envol dans un souffle de vent. Je veille à toujours porter attention à ces petits moments de magie que la vie dépose juste là, sous nos yeux. Ils sont précieux. Comme le sourire de ce serveur auquel je ne suis pas insensible.

J'aime les gens qui sourient, ils me font un bien fou.

Je renverse les miettes de mon sac en papier sur la table, puis je me rends aux toilettes pour vomir tout le sucre que je viens d'ingérer avant de rentrer chez moi. En partant, je jette un coup d'œil vers ma table. Le petit oiseau est revenu et semble se régaler avec les miettes.

J'attends quelques secondes pour observer la scène. Un sentiment de tendresse m'enveloppe tandis que ce petit être fragile déploie ses ailes pour s'envoler, face au vent.

41.

« Dans l'obscurité j'avance
au clair de ma plume. »
Grand Corps Malade

Pour me libérer un peu, j'écris de plus en plus.

J'écris pour respirer, pour soupirer, pour vomir les restes. J'écris pour mettre des mots sur ces maux indigestes, pour en faire quelque chose.

J'écris pour rester en vie.

Je ne sais pas si on me lira un jour, je ne sais pas si mes mots changeront quelque chose.

C'est juste un moyen supplémentaire d'évacuer ce qui est entré en moi et qui ressortirait de toute façon, d'une manière ou d'une autre, alors pourquoi pas celle-là. Ecrire, ça me transporte, dans l'espace, dans le temps. Ça me ramène toujours un peu ailleurs.

J'essaye sans cesse de me soigner du mal que je me fais.

Je ne suis plus malade car vomir ne m'empêche plus de vivre ni d'être heureuse. Je ne fais plus de malaise et j'ai l'impression que mon cœur tient le choc. J'ai simplement du mal à me concentrer pendant plus de quelques minutes. Je manque parfois tellement d'énergie que je ne suis capable de rien. Je perds beaucoup de cheveux, mais j'ai de quoi faire, alors ce n'est pas bien grave. Je vais souvent chez le dentiste aussi, mais j'y serais sûrement allée même sans ça. Pas besoin d'avoir des troubles alimentaires pour avoir des caries et de fausses dents.

Ce qui compte, c'est que je souris, je ris, je rêve à nouveau, je vois une forme à l'horizon, je sais que demain sera fait de quelque chose dont je ferai partie. Je n'ai plus peur de rien je crois, du vide peut-être. Dans chaque journée qui passe, je veille à prendre toute la place, pour n'en laisser aucune à la bouffe. Pour ne pas lui laisser le moindre espace dans lequel se faufiler. Tout cela m'épuise un peu, j'aimerais ralentir le rythme parfois, laisser un peu d'espace-temps disponible. Mais je sais qu'elle guette. Je sais qu'elle n'attend que ça. Je dévore la vie pour que la bouffe ne m'avale pas. Et elle avait raison finalement, l'auteure du livre, on peut très bien vivre comme ça.

Je me fais sans cesse de nouveaux amis, je vis des histoires passionnelles, interdites, éphémères, parce que ce sont celles que je préfère, celles qui me laissent libre. Et puis je trouve la vie belle. Je crois que je suis heureuse, oui. Certains soirs, il flotte dans l'air comme un léger parfum de mélancolie, mais c'est là que je puise mon inspiration. Là et dans les ronronnements paisibles de Pompon qui est le meilleur compagnon que j'aurais pu rêver avoir.

Dans cette nouvelle vie qui démarre, je n'attends plus rien, je me sers. Et dans cette vie-là, c'est moi qui aurai le premier rôle. Je veux rattraper le temps perdu.

J'ai faim de vie.

Sexe : F.

Âge : 24 ans.

Heure : 21 h 53.

Cause du décès : arrêt cardiaque.

J'ai voulu remercier mes parents un million de fois pour leur soutien, leur amour inconditionnel, leur patience, leur dévouement, leur courage et les valeurs précieuses qu'ils m'ont enseignées. La pudeur qui m'en a jusqu'alors empêchée peut ici s'effacer. Le lieu est idéal. Sans eux, la fin de ce livre aurait pu avoir un écho tragique. Merci du fond du cœur. Je vous aime.

Je souhaite également dire merci à quelques personnes, particulièrement précieuses.

À mes frères, que j'aime tendrement, même dans l'absence.

À Roland, l'homme merveilleux qui partage ma vie depuis un peu plus de quatre ans, qui parcourt le monde à mes côtés et que j'aime chaque jour un peu plus. Merci de m'avoir permis d'apprendre ce qu'est vraiment l'amour. Je ne connaissais que la dépendance.

À mon ami Maxime, pour les souvenirs merveilleux ou douloureux écrits ensemble ; pour son soutien, son regard constructif et ses commentaires pertinents qui m'ont accompagnée dans l'écriture de ce livre. Qui d'autre aurait pu rester aussi impartial et objectif tout en me connaissant aussi bien ?

À Chloé, ma petite sœur de cœur, être solaire, pour avoir toujours cru en moi ; pour cette force sereine et ce courage qui m'ont souvent inspirée. Pour ces larmes de bonheur aussi, à l'annonce de la publication de ce livre, qui m'ont profondément touchée.

À ma soul sister, Kandé, l'une de mes plus belles rencontres, pour tous ces moments de folie qui n'appartiennent qu'à nous ! Pour cette amitié fulgurante et si simple dans laquelle nous nous livrons sans filtre ; et pour vivre l'accomplissement de ce projet avec autant d'enthousiasme que moi.

À mes amis proches, les inconditionnels des soirées à « Mexico », pour leur soutien, leur affection et les moments de joie inestimables que nous partageons et qui me nourrissent bien plus que…

À mon éditeur, Yves Michalon, pour cet appel du 11 décembre 2017 qui a changé ma vie. Merci à lui, mais aussi à Anne et Sophie pour leur douceur, leur bienveillance et leur confiance.

À celles et ceux que je ne cite pas, mais qui ont peuplé ma vie jusqu'à aujourd'hui, l'ont marquée par leur présence ou leur absence, par leur amour ou leur indifférence, et qui m'ont, chacun, forcément appris quelque chose.

À la vie, d'être si belle.

Et dire que ça ne tenait qu'à moi…

Composition et mise en page : Thomas Ragage

Dépôt légal : juin 2018
Numéro d'édition : 891

Achevé d'imprimer en mai 2018 sur rotative numérique Prosper
par Soregraph *LIVRES* à Monts (Indre-et-Loire)
Dépôt légal : juin 2018 - N° d'impression : 0518G00234

Imprimé en France

L'imprimerie Soregraph *LIVRES* est titulaire de la marque
Imprim'vert® depuis 2004.